JN045453

わたし
宇宙の聖書
ハッピーすいれん
HAPPY SUIREN

Clover
クローバー出版

宇宙(わたし)の聖書

ハッピーすいれん

Lotus Star

contents

はじめに -Introduction-

このたびは、宇宙(わたし)の聖書に出逢ってくださり、誠にありがとうございます。

この本は、**ページを開いた瞬間から、あなたの神様が目覚める奇跡のバイブルです。時空を越えて宙の星々と繋がり、記憶の欠片を集めて壮大なあなたの物語を綴る、神話のタペストリーです。**聖書のページをめくると、煌めくエンジェルが舞い降りてきて、虹の橋を架けてあなたと夢の世界を繋いでくれます。

チャンスの扉を開く鍵は、OPEN SESAME(オープンセサミ)！

ガイダンスを受け取るだけでなく、読むお守りとしてもぜひご活用いただけると嬉しいです。

星しるべ
あなたの毎日をミラクルなお祝い日に

Miracle Star Guidance

色とりどりの星が銀河の音を奏でると、地球とハーモニーして響き合い、きらきら煌めく光と音の中からあなたが生まれました。この本のページを開くと、奇跡で織られたあなたの神話のタペストリーが紙面から飛び出し、地球上にあなたの夢の世界が広がります。

何世紀にもわたり、人々の心や建築、文明の中を縦横無尽に渡り歩いてきた神秘の存在たちが、微笑みながらあなたを見ています。あなたが求めれば、さまざまな宇宙の存在が、あなたの夢の実現をサポートしてくれるでしょう。

聖書のページを開くたびに、あなたのハートのチャイムが鳴り響き、奇跡の扉が開きます。

流れ星のように降ってくる星の光が種になり、あなたの大地に根を下ろすと、やがて芽を出し奇跡の花を咲かせるでしょう。

壮大な宇宙から
星の光をインストールする

あなたのハートの奥に眠る、神聖なバイブルを手に取って、そっと中を見てみましょう。そこには地図があります。

あなたの人生地図です。あなたは今**地球の旅**のどの辺にいるのでしょうか？

次のページをめくって、旅のスケジュール・魂の青写真を見てみましょう。

あなたは世界にたった一つの、とびきり素敵な宝物を持って地球にやってきました。ハートの羅針盤を使って、人生という大航海の中にいるあなたは、大きな明るい光の港へと向かっています。

さぁページをめくって、あなたの本にアクセスしましょう。あなたは何をしに地球に来たのでしょう？

これからあなたは、どんな風に夢の世界を創っていくのでしょうか。わくわくとても楽しみです！

一を織り、百を識る　OPEN SESAME
1才から100才までの奇跡

「開けゴマ！」と唱えてみましょう。すると、あなたの夢は翼を広げ、想像の世界へ飛び出します。

時空間で練られてマーブル状になった夢は、空気と混じり合い新しい大陸を生み出します。やがて大地に草木が芽吹き、人や動物が生まれて美しい家や建物が建つと、あなたの王国が物質界にどんどん姿を現します。

あなたが大好きなものでいっぱいの、胸ときめく世界。

あなたとあなたの神様が共同で創る愛の世界、天地創造のプロセスを心ゆくまで眺めましょう。あなたが好きなようにイメージするだけで、あなたの世界は、どんどん姿を現し形になっていきます。

あなたが地球に来る前に滞在していた星で、あなたの中に植えた光の種が殻を割って芽を出す頃、あなたは新しい人生をスタートします。花が咲き実をつけると、その種は綿毛になって、ふわふわと遠くまで飛んでいきます。

美しいあなたの花が地球上のあちこちで花開き、光り輝く愛の世界が広がっていくと、そこは地上の天国。

わぁお！　ファンタスティック!!

あなたの神様の降誕を祝い、創世記を編む

あなたのバイブルは、あなただけのもの。学校の教科書と違って、みんなと同じ内容ではありません。

あなたが創る**あなただけの教科書**です。あなたの人生の答えは、いつでもあなたです。他の誰かに求めずに自分で答えを出せば、次々と奇跡が起こり、願いが叶うのが当たり前になっていきます。

奇跡は偶然起こるものではなく、意図的に自分で起こすものだからです。

いよいよ地球で、あなたの創世記がスタートします！
さぁ聖杯を持って乾杯しましょう。

あなたの神様の降誕をお祝いしてお祭りしましょう。星から持ってきたあなたの才能を、地球でお披露目する時が、ついにやってきました。

素敵な衣装を身に纏い、ハートを大きく開いて、あなたの太陽を燦々と輝かせましょう。どうぞ、あなたの舞台の真ん中に立ってください。

スポットライトを浴びて、祝福の花びらが、ひらひらと舞う舞台で拍手喝采を浴びてください。

ご降誕おめでとうございます！

地球に生まれてきてくれて、ありがとうございます。

わくわくハッピー！

世界に羽ばたくアーティスト　ハッピーすいれん

本書の使い方

Daily Star Guidance

朝起きて一日の行動をスタートする前に、一番にあなたの神様と繋がりましょう。朝日が昇る中、窓を開けて、新しいフレッシュな空気を身体に通しましょう。

呼吸をしながらハートの扉をOPENして、神聖なあなたの光を地球全体に向かって放射しましょう。

「私は私の神様と繋がります」と意図して大きく深呼吸しましょう。これで、あなたの神様とチャンネルが繋がります。肉眼で見えなくても、あなたの神様は、ちゃんとあなたのそばにいます。

さらにチャンネルを天界に繋ぐ、とっておきの魔法を使いましょう。とびっきりパワフルな魔法、それはお祈りです。しかも、あなたオリジナルのお祈りです。お祈りは、あなただけの言葉でなくては意味がありません。

誰か他の神様に繋がる言葉ではなく、あなたの神様に繋がるオリジナルのお祈りを手作りしましょう。

あなたの言葉が、守護の光になってあなたを守り、讃美歌になって、あなたの存在を大切な人々に知らせます。

毎朝目が覚めたら、スマホでSNSを見たり、YouTubeを流したり、TVのニュースをかけ流しにしたりする前に、一番にあなたの神様と繋がりましょう。

MY讃美歌を唱え、感謝の気持ちを込めてお祈りするだけで、あなたの波動は天まで跳ね上がります。

朝起きてすぐ、チャンネルをあなたの神様に繋いでください。それから一日の行動をスタートしましょう。

人生もTVと同じで、何となくスイッチをつけたら、昨日見ていたチャンネルがそのまま放映されてしまいます。望まないチャンネルに繋がったまま行動すると、せっかくのチャレンジや努力も台無しになってしまいます。ショックで落ち込む出来事が次々と目の前に現れると、ウンザリしてヤル気を無くしてしまいます。

私たちは苦手なものや嫌いなものに囲まれると、自分本来のパワーが発揮できなくなってしまうのです。あなたがあなたの大好きなものに繋がると、幸せな気持ちが広がり、愛が無限に溢れ出します。

私たち一人一人の愛が溢れ出し、地球が喜びの花でいっぱいになります。想像しただけで、わくわくが止まりません！
毎瞬、毎瞬、あなたが繋がる先をしっかり意識することが、何よりも大切です。

あなたの限られた貴重なエネルギーを、あなたの夢の実現だけに使いましょう。

朝起きて一番に、お祈りする時間を取りましょう。寝たまま1分のプチ儀式でもいいのです。儀式をするのとしないのとでは、未来が大きく変わります。

自分の神様にチャンネルを繋ぐこと、それが本当のあなたの人生を送るために、何よりも大切なことなのです。

宇宙（わたし）の讃美歌

あなたの言葉を書くまでは、見本の讃美歌をお使いください

今日一日が最高の一日になりますように

今日も素直に自分らしくいられますように

今日も最高の自分でいられますように

今日も最高のチャンスに恵まれますように

今日も愛する人と、幸せな時間が過ごせますように

今日も魂震える、素晴らしい感動に出会えますように

今日も起こる全ての出来事に、愛を見出せますように

今日も喜んで惜しみなく与え、受け取れますように

今日も愛と祝福の中で暮らせますように

今日もとびきり素敵な人と出会えますように

今日も愛でいっぱいの仕事ができますように

神様、天使さん、ご先祖様、龍様、どうぞサポートしてください。

いつも助けてくださり、幸せにしてくださり、ありがとうございます。

私もみんなを、もっともっと幸せにします。
愛しています。

宇宙(わたし)の讃美歌

数字を通してガイダンスを受け取る方法

聖書を胸にあてて**「○○についてアドバイスをください」**という風に、あなたが今迷っていることや悩んでいることを質問します。

特に質問したいことがない時は**「私に何かメッセージはありますか？」**と質問してみましょう。

質問をしたら、深呼吸をして、1〜100から数字を思い浮かべます。数字が浮かんだら、そのページを開きましょう。

選んだ数字には、あなたの神話のタペストリーを紡ぐ象徴やエッセンスが織り込まれています。

あらゆる次元への絶対的至高である神々や、各専門家のエンジェル、懐かしい故郷の星の仲間たち、純粋な子供時代を彩るファンタジーの世界で生きる龍やペガサス、フェニックスなどが、あなたの人生をダイナミックに展開してくれるでしょう。

・目に見えない世界を知恵のランプで照らしてくれる、マスターや叡智の存在と繋がりましょう。

・自然界からは、植物の無条件の愛があなたを癒やし、神聖な光と音に調律してくれます。

・石の精は記憶の貯蔵庫へのアクセスを促し、あなたの意思を固めて、パワフルに輝かせる結晶をプレゼントしてくれます。

それぞれのページには、宇宙のみんなから、愛するあなたへの贈り物が詰め込まれています。

ぜひ言葉と言葉の間から、あなたに呼びかけてくるメッセージを受け止めて感じてください。

そしてキラキラと輝く祝福の光を浴びながら、本当のあなたに目覚めて地球上で生きるという、至福の人生をお迎えください。

宇宙の共通言語から
メッセージを読み解く

数字は、宇宙の共通言語です。地球にはさまざまな言語があります。それぞれの外国語は習得しないと理解できませんが、数字は世界中で通じます。

世界中、宇宙中が数という共通の言語を使って対話しているのです。

あなたの神様や天使など目に見えない存在とお話しする時も、数の言語がよく使われます。

私たち人間が、天界の言葉を理解できない時は特に、ベルを三回鳴らしたり、8888など**エンジェルナンバー**と呼ばれるゾロ目を使ったりして、人間の目を引くよう工夫してガイダンスを送ってくれています。

数の象意

1…男性性　発信　自分軸　自分から与える　自分の中から外に向かうエネルギー　自己主張することで物事が決まる　リーダーシップ

2…女性性　受信　他人軸　相手から受け取る　外側から自分の中に受け入れるエネルギー　相手の影響によって物事が決まる　パートナーシップ

3…子供　客観　第三者の視点　男性性と女性性を統合して生まれる創造物　陰と陽のバランス　楽観　文明　交際による視野の広がり　フレンドシップ　精神的安定

4…社会　現実　形式　物質　常識　建物　土地　お金　資格　職人　マナーやルール　マニュアル・物質的安定

5…革新　破壊　変化　新規　現状打破　斬新　飛散　ダンス　海外　地震　スピード　既存のものを壊し新しいスタイルに刷新するエネルギー

6…調和　家族　グループ活動　平和　癒やし　奉仕　穏やかさ　美しさ　公平に平等に全員が幸せになるよう決まった形、同じ分量で協力し合い、分かち合う

7…精神性　哲学　真実の追求　崇高　理想　奇跡　単独行動　科学では証明できないもの　言葉では表現できない、理解できないもの　物質主義より精神主義

8…繁栄　社会的成功　物質的豊かさ　お金　土地　結果達成　計算　経営者　4のシステムを倍増した大きな成果　精神主義より物質主義

9…全体性　宇宙　世界　統合　地球意識　人類愛　壮大なロマン　抽象的　狭い世界より広い世界　自分と他者の境界線が溶け合い全てを内包する寛大さ

10…1～9まで全てを含んだ次の段階に進み、新たな1からスタート

読むお守りとしての使い方

本書は、開いたページにあるガイダンスを読む使い方と、もう一つ使い方があります。それは光のインストールです。

開いたページにいる神、天使、惑星、動物、フェアリー、ペガサス、火の鳥、花、石の周波数をオーラに共振させて、愛と感謝の波動に切り替えます。どんなにどん底で苦しい時でも、愛と感謝の波動に繋がりさえすれば、現実はすぐに変えることができます。

植物の無条件の愛で傷ついたハートを癒やし、人を許すことができるようになると、幸せを受け取るのを、自分に許せるようになります。

あなたが許可さえしてくれれば、楽しいことが大好きな豊かさや幸せは、今この瞬間からあなためがけて雪崩込んでくるでしょう！

光のインストール方法

ページを開いたら、そのページをハートに当てて**深呼吸**します。チャンネルを繋ぐために、呼吸をできるだけ深く、長くします。

「私は愛の光を受け取ります」と宣誓すると、今のあなたに必要な光が必要な分だけインストールされます。

- **植物は無条件の愛で、人との結びつきを根や枝葉のように広げ、傷ついた心を癒やし、人との繋がりを修復してくれます。**

- **石は、膨大な記憶のファイルから必要なエネルギーにアクセスして、夢を結晶化してくれます。**

- **天界や自然界と人間を、愛の光で繋ぐ天使や動物たちは、愛し愛される喜びをプレゼントしてくれます。**

心の傷を癒やし、ブロックを溶かし、ノイズを消去しながら、純粋なあなたの音にチューニングしてくれます。

一日、何ページ分でもインストール可能ですが、心地良い範囲でヒーリングされてください。

あなたは地球上で神様として過ごすようになり、まるで赤ちゃんのように存在しているだけで周りの人を幸せにすることができるようになります。

あなたは錬金術の技を蘇らせ、どんな暗闇でも光に変えることができるようになります。

もともとあなたは、地球に愛の光を届けるエンジェルです。

本当のあなたに還るためのサポートとして、本書をお役立ていただければ幸いです。

1

OPEN SESAME

人生で一番良いことが起こります！それは、あなたがずっと願っていたことです

もうすぐ、蓮の花が開きます

淡く紫に染まる空に、白い月が溶け込む頃、蓮の花が、ほんのりと光を放ち始めました。

宵の明星がきらりと輝くと、いよいよ、あなたの開花の時が近づいてきました。

優しい灯りは暗闇を照らし、神々しい白多羅（しろたら）菩薩の姿が、うっすらと浮かび上がってきました。

「蓮の花は、いつ咲くのでしょうか？　本当に咲くのでしょうか？」あなたが不安になると、蓮の花は本当に咲いて良いのかわからず、ためらうでしょう。

あなたの花が咲くことは、もう決まっています。リラックスして、水面を渡る涼しい翠の風を感じてください。

水に映る影、凛とした空気、花びらが開きながら描く、ゆるやかなグラデーションを感じながら、どうぞ永遠という瞬間の中にいてください。

あのうっとりとする恍惚の中にいてください。

蓮の葉に溜まる朝露を飲めば、天の川からこぼれ落ちる星の雫が光を灯し、愛する人々を呼び寄せるでしょう。

あなたは、これまで大変な困難でも乗り越えてよくやってきました。これからはオールを捨てて、波に船を進めてもらいましょう。

両手を天に向かって広げ、天から降り注ぐ星の光を浴びながら、あなたの花びらを四方八方に広げていきましょう。

2

OPEN SESAME

今度は、あなたが
幸せになる番です！

虹の麓　七つの色を奏でる聖杯

オパールの鱗が輝く透明な魚が飛び跳ね、あなたに幸運の到来を知らせています。あなたは、今までたくさんの人を幸せにしてきました。

何でも気前良く与えてきました。ですが、あなたの番が来たというのに、あなたはプレゼントを受け取ろうとしません。

「何もしていないのに、タダでもらってはいけない」と感じたり、素直に「欲しい」と言うのが恥ずかしくて、遠慮したりしていませんか？

周りの人たちは、そんなあなたを心配してくれています。あなたには「幸せになってほしい」と心から願ってくれる人たちがいます。

星の仲間から、あなたにプレゼントがあります。遠慮は要りません。喜んで贈り物を受け取りましょう。

我慢して苦労したから、報酬がもらえるのではありません。愛を感じるために受け取るのです。愛に感動するために受け取るのです。

幸せは循環する水と同じで、一つの場所に留まると腐ってしまいます。循環していないと、透明で澄んだ水ではいられません。

与えてばかりいると、疲れ果ててあなたの愛の泉が枯れてしまいます。幸せとは、与えながら受け取り、受け取りながら与えることなのです。

山頂から川を流れ、海に到達した水が恵みの雨となり、いよいよ、あなたの元に還ってきます。

雨が上がって大きな虹が出たら、虹の麓で祝杯を挙げましょう！　聖杯の水に映る虹を飲んでください。

透明な魚が飛び跳ね、水しぶきが上がると、七色に輝く、奇跡と幸運があなたの人生に訪れるでしょう。

3

OPEN SESAME

天にも昇る気持ち

第六感の寓意から顔を出す
ファンタジーの世界

雲と雲の隙間から、美しい天使の梯子が地上に架かりました。天界の存在が、次々と梯子を下りてあちらこちらに向かっています。

さぁ天使の梯子を上りましょう。雲の上に顔を出すと、光の扉があなたを待っています。扉の前に立ちましょう。

ベルが鳴ると、可愛いらしい子供の天使が、あなたのために扉を開けてくれました。扉の向こうには、どんな世界が広がっていますか？

これまで、真面目で律儀なあなたは、人の重たい荷物を背負ってきました。その重さに慣れすぎて、痛みや不快を感じることさえ忘れていました。

これからは、しかたなくを捨てて喜びを選んでください。

そのストレスやプレッシャーは、もともとあなたのものではありません。両親や友達、仕事仲間、昔つき合っていた人、など他の人のものです。

共感能力が高く、思いやり深いあなたは、いつからか他人

の荷物を、自分のものと思うようになっていました。自分が頑張れば、この人を救える。自分の分を差し出せば、この人を満足させられる。自分さえ我慢すればいい。これくらい大したことじゃない。私が代わりにやってあげよう。

このように自分を犠牲にする愛の形が、人類の歴史の長い時間をかけて引き継がれてきたのです。

義務や役目を果たすことで自分の存在を認めてもらう、それが当たり前の時代でした。ですが遅かれ早かれ、あなたはこの連鎖から離脱することになります。

悲しみや、苦しみ、孤独、期待、執着、恨み、嫉妬、こういったネガティブな感情が、根っこのように絡みついている層が地球にはあり、自分らしく生きよう、変わろうとすると、引き止められたり足を引っ張られたりして、また元の世界に引き戻されることがあります。

地球には、みんなで共有している大きなブロックがあり、私たちは意図的に助けないといけない、弱い存在を作り出してきました。

ですが安心してください。

みんなエンジェルで愛の人です。誰もが自分で自分を癒やし、助けることができるのです。

これからは、自分ファーストの時代。古い時代の愛の形に気づいたら、一つずつ丁寧に見直して、新しいスタイルに取り替えていきましょう。

4

OPEN SESAME

ハートで生きる

白い花の妖精がくれる一輪の魔法

あなたの中にいる、もう一人のあなたと、ついに向き合う時がやってきました。

これまであなたは、あなた自身ではなく他の人に向き合ってきました。次々と周囲の期待に応えているうちに、肝心なあなたの幸せを逃してきました。

「みんなにとって、私は一体どんな存在なんだろう？」集団生活を送る上で、周りの人と良好な関係を築くのは、とても大切なことです。

ですが、あなたはもっと、あなた自身に気を使うべきです。あなたの体は、ご先祖様たちから命のリレーで頂いた大切なご神体です。

もっと時間をかけて髪の毛や肌を丁寧に磨き、衣服を美しく着飾り、部屋をキレイに整え、あなたの神様をお祭りしましょう。

これらは、あなたのご神体を光り輝かせる大切な儀式です。一日の終わりには、あなたの体に感謝する儀式もしましょう。

あなたがその日にしたどんな小さなことでも「よくできたね！　スゴイね！」と褒めて、目が見えたこと、耳が聞こえたこと、歩けたことなど全ての奇跡に感謝しましょう。

そして疲れた時はすぐに休んで、ご神体にムリをさせないようにしてください。他人の願いを優先して、決してあなたの願いを後回しにしないでください。

自分の体を大切に扱い、贅沢にお金や時間をかけて自分をもてなすことを、あなたに許してください。

「忙しくて、とてもそんなことをしている時間はない。しなければいけないことが山積みなのに！」

そんなエゴ（もう1人の自分）の声を聞かないでください。

あなたを否定してくるエゴの声をまともに聞いていたら、精神的にまいってしまいます。

私たちは、ずっとエゴの声を聞いてきました。ですが、エゴはあなたではありません。子供の頃から聞いてきた他人の声です。

あなたが好き勝手に振る舞って、手に負えなくなると困るのでかけた言葉です。あなたが才能を発揮して、手が届かないところに行ってしまうと困るのでかけた言葉です。

常識や道徳を持ち出して、あなたを指示に従わせるためにかけた戒めの言葉がエゴの声なのです。

エゴは、社会の定型とは違うあなたの特殊な才能や個性を、問題・障害と決めつけて、社会で通用する形に矯正しようとします。その声は、子供の頃から大人になるまでずっと頭の中で反芻し、あなたを苦しめ続けてきました。

ですが、もうエゴの声を聞かなくてもいいのです。エゴのお陰で、あなたの命や社会的立場が守られてきたことに感謝して、「これまで守ってくれてありがとう。もう大丈夫だよ」とエゴに伝えましょう。

エゴは主に、お母さんやお父さんの声なのでしょう。お母さんやお父さんに「ありがとう」と伝えましょう。

そして、これからはハートで生きていきましょう。

頭で考えるのではなく、あなたのハートで、それをするかしないか決めましょう。ハートで決めると、お腹の底から根拠の無い自信が湧いてきます。

根拠の無い自信、それこそがあなたに必要なものです。

あなたの太陽を大きく光り輝かせ、あなたの愛をみんなに向かってパワフルに放射しましょう。

あなたは神聖で、とても勇敢な人です。遠慮なくあなたでいてください。ハートで生きれば、全てが上手くいきます。

5

OPEN SESAME

BELIEVE
本当の自分の人生を生きる とっておきの魔法

七福神の宝船

自分らしい人生を生きるための、とっておきの魔法があります。それは**あなたが信じたいように信じる**というBELIEVEの魔法です。

「彼・彼女は、私のことをどう思ってるんだろう？　私のこと好き？　嫌い？」と恋に悩むのは、地球ドラマにおける素敵な体験の一つです。

恋に悩むのも楽しいイベントですが、恋が必ず上手くいく方法があります。それは**「彼・彼女は、私のことが大好き」**と思い込むことです。

「私って、いつもモテモテ。まぁこんなに魅力的だから仕方ないよね」とあなたがそう思っていると、必ず相手はあなたのことを好きになります。

勘違い？　いえ、勘違いじゃありません。
本当にそうなります。仮にその人と上手くいかなかった場合は、もっと素敵なお相手がいるということです。

あなたにはもう、ハッピーかさらなるハッピーしかありません。自分が思いたいように思う。それが、人生が最高に

上手くいく魔法です。

私の人生には良いことしか起こらない。そんな最高の人生を大切なあなたにプレゼントしましょう。

幸せになるために、あなたの機嫌を取りましょう。あなたがご機嫌でいれば、あなたの周りにはご機嫌な人ばかりが集まってきます。

あなたのハートと響き合う素敵な人たちが集まってきます。人生の全ては、あなた次第です。

今、七福神の乗る宝船が、ざんぶらこっこと笑顔で手を振りながらあなたに向かってきています。

素晴らしい数々の出会いとともに、あなたの幸運の扉が次々と開いていくでしょう。

6

OPEN SESAME

神聖なる
自己の目覚め

前提の駅を出発して前提の駅に到着する

あなたは今、銀河列車に乗って黄金の駅に向かっています。

人生で「どうせ上手くいかない」と、あきらめていることはありませんか？

「わぁいいなぁ。私もこの人みたいに活躍したい。どうせ私には、そんなチャンス来ないけど」

「わぁいいなぁ。こんな素敵な結婚がしたい。どうせ私には、良い相手なんかいないけど」

「えぇっ、世の中こんな面白そうな仕事があるんだ！　私もこんな仕事がしたい！　どうせ私には、嫌な仕事しかないけど」

感動して希望が湧いたその瞬間、間髪を入れずに否定してくるもう一人の自分がいます。自分の中には、たくさんの自分がいるのです。

明るく優しい自分もいれば、自分に厳しくダメ出ししては、ハンマーで夢をブチ壊しに来る（！）凶暴な自分もいます。

ブロックの塊になっている自分は、心にかなりのダメージを受けていて、ずいぶんとイジケふてくされ、自暴自棄になっています。

人は何度か失敗すると、ショックを受けてトラウマになり、立ち直るまでには、思っている以上にかなりの時間を要します。

人生が終わるまでに傷が癒えていないケースは多く、多くの場合はブロックとなり、幸せになるチャンスが来ると拒否して抵抗しブレーキを踏むようになります。

まだ何も行動していないうちから「どうせムリ」と決めつけるようになります。「どうせ上手くいかない」という前提があると、どんなにスゴイ才能や作戦、武器があっても、全ては徒労に終わります。

物事の行き着く先は全て、前提だからです。
人生は、必ずあなたが信じている通りになります。

全ての人は、前提を出発して前提に到着します。スタートとゴールは、実は同じなのです。

お金持ちになる方法を考える暇があったら、今すでにお金持ちになっていなければなりません。

「私、なんて恵まれているんだろう！　私、なんてお金持ちなんだろう！」そう思いましょう。もちろん、そう思えない時もあるかもしれません。

お金に困っているという目の前の現実を突きつけられると「自分がお金持ちだなんて、とても思えない！」という気持ちに誰だってなります。

ですが、スタート地点は誰もが同じだったのです。同じ場所にいて同じことをしていたのに、どうして大きな違いが生まれたのでしょう？

それは「何を信じているか？」の違いなのです。
ただそれだけの小さな違いが、人生の後半では大きな違いを生むのです。

多くの人は、「お金持ちは頑張って苦労してお金持ちになった」と勘違いしていますが、実際はそうではありません。

「頑張って苦労しても、思うようなお金が入ってこない」という人が、世の中ほとんどです。

例えば、同じ1万円でも「1万円もある。ありがたいなぁ。私って豊かだなぁ」と、十分にあると感じる人はどんどんお金持ちになり、「たった1万円か。これじゃすぐに無くなってしまう。もっとお金があったらなぁ」と、不足を感じる人は、どんどん貧しくなります。

「自分はお金持ちで、恵まれている」と今感じることができなければ、どんなに頑張ってもずっと貧しいままです。

人生はあなたの信じていることが、そのまま結果になっているだけなのです。一度、あなたの前提を棚おろししてみましょう。

あなたは何を信じていますか？
あなたが信じたいことは何ですか？

あなたは今、最高に豊かな黄金の駅に向かっています。
そして今、黄金の駅にいます。

7

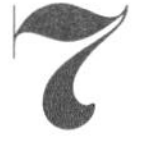

OPEN SESAME

自由の翼を広げ
太陽に向かう

太陽礼拝　聖地巡礼

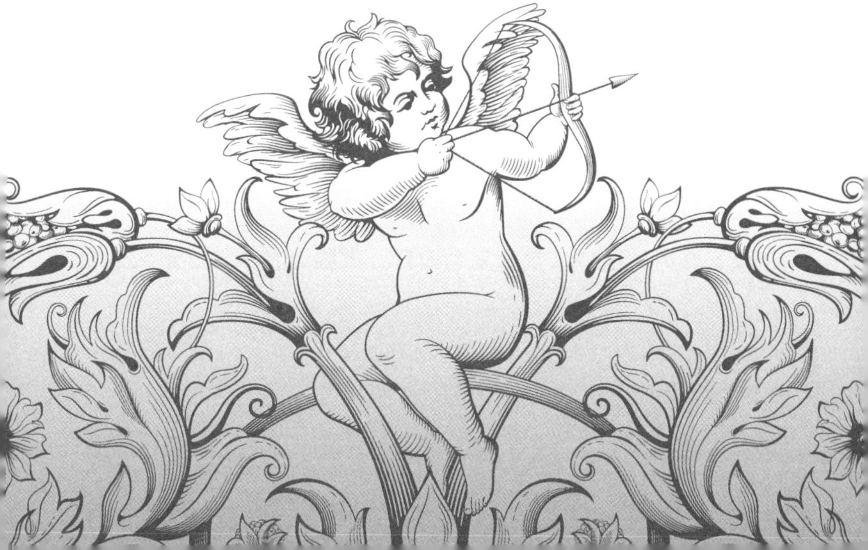

あなたは今、聖なる山に登っています。

急がなくても大丈夫、安心してください。ひと息ついて、もっとあなたがやりたいようにやってみましょう。

焦って結果を出すよりも、山登りを楽しむことのほうが重要です。私たちはみんな、人生ドラマを楽しむために地球にやってきました。

ですが、どんなにドラマに熱中していても、どうか星の仲間のことを忘れないでください。みんなあなたのことが大好きで、いつも星から見守ってくれています。

そして言葉では言い表せないほど、あなたに感謝しています。元気なあなたも、落ち込んでいるあなたも、どんな時でもあなたは愛されています。

あなたは生まれつきのスターで人気者です。前世からたくさんの人を幸せにしてきたあなたには、とびっきり素敵なサプライズが待っています。

天と地がひとつになる夏至の日、太陽のパワーが最大とな

り、あなたは絶頂期を迎えます。

心配や不安の声が手を伸ばしてきても、もう届かないほどの高さまで昇っていくでしょう。どうぞ遠慮なくブレイクスルーしてください。

そして、これからも後を追ってきている人たちに道を作ってあげてください。あなたの前に道はありません。あなたの後ろに道ができるからです。

いつも私たちに気を配ってくれて、ありがとう。
後ろを振り返らずに、どうぞ光に向かって進んでください。

聖なる山の登頂おめでとうございます！

8

OPEN SESAME

地球に咲くいのちの花

3つの流れ星　白夜の約束

花は「いつどのように咲くと良いか」自分でわかっています。あなたも同じように、自分の咲くタイミングを知っています。

頭で考え出すとわからなくなるかもしれませんが、大丈夫。何も心配は要りません。あなたの体は全てを知っています。

あなたの体は、朝起きてから一日中、寝る間も惜しまずに、いつもあなたのために働いてくれています。そして、宇宙で起こっているさまざまな出来事を、あなたに知らせてくれています。

あなたが宇宙の波に乗っている時、あなたの全身はパァっと明るく輝いています。頭にはピカ〜ッと光る天使の輪が見えるでしょう。

それは、多くの人があなたを応援し、サポートしてくれている証です。星と通信していると、あなたの頭部は天使の輪になって光るのです。

もちろん、背中には光の羽が生えています。待ちに待った絶好のタイミングが、刻一刻と近づいています。

胸を希望でふくらませ、翼を大きく広げ、自由の空に飛び立つ準備をしてください。

これまで、たくさん泣くようなことがあったかもしれません。あなたはなんと強い人なのでしょう。もう泣かないで。強がらないで大丈夫。

「僕たち、いつも空から君のことを見ているよ。助けが欲しい時は、声をかけてね」そう、言ってくれています。

「君が出会いたい人とは、もう繋がっているよ。君が叶えたい夢は、半分は形になっているよ。あと必要なのは、君の気持ちだけなんだ」

あなたの星の仲間は、いつもあなたを見守っています。
どうか、あなたの弱さを見せることを恥ずかしがらないでください。

素直なあなたの気持ちを、星の仲間に向かって話してください。
流れ星が3つ流れる白夜に、無数の白い鳥が羽ばたいて、あなたの世界は一変するでしょう。

9

OPEN SESAME

わたしは奇跡の中にいる！

いのちの喜び　至高の色

奇跡の星が瞬いています。奇跡が起こるのを待つのをやめて、奇跡を起こしましょう。あなたにはそれができます。

あなたの王国の王様は、あなたです。このチャンスは、あなただけのものです。なので他の人にはできなくても、あなたには必ずできます。あなたから合図が来るのを、みんなワクワク待っています。「よし！　やろう！」あなたの号令で、みんな一斉に動き始めます。

何も難しいことはありません。願いを言うだけでいいのです。あなたの言葉を変える時です。

「どうなるのかな？　これでいいのかな？」ではなく、「やってみよう！　どうなるか楽しみ！」そう言いましょう。あなたが日々、口に出している言葉が現実を作っています。

言葉が検索キーワードになり、イメージして感じるとクリックし、現実スクリーンに映像が現れるのです。私たちの体は、インターネットと同じようなシステムで動いています。
肉体もシステムが作動するよう、ちゃんと機能に合わせて使う必要があります。

あなたは「本当にコレをしても良いのかどうかわからない」と迷っているのかもしれません。ですが、間違いを選んでも構わないのです。人生の学びにおいては、正しい行いをすることだけが重要ではないからです。正解からも間違いからも多くを学んでいます。

赤と青のどちらかを選ぶのでなく、赤と青を混ぜて紫を作り、1つ色を増やす。それが魂の成長です。赤と青の2つの色のコントラストを強弱させたり、お互いの分量やバランスを上手く調整して混ぜ合わせたりすることが、魂の成長なのです。

常に正しい側でいたい、間違いたくない、失敗したくない、という思いが強いと、赤か青の人生どちらかを選ぶことになります。しかし、正しい色に間違った色が混ざらない限り、本当に欲しい色は生まれません。

間違う体験が少ないと、あなたが心から欲しいと思っている崇高で絶妙な色は、決して手に入らないのです。
あなたは、人生のキャンバスをどんな色で染めたいですか？
あなたの至高の色を作りましょう。

至高のオーラを纏う

落ち込んでヤル気が出ない時、天からキラキラと降り注ぐ、美しい光のシャワーを浴びましょう。

ブロックが、光のシャワーで勢いよく洗い流され、あっという間に消えていくのを見届けましょう。

あなたのオーラや体全体が、光でシュワシュワと気持ち良くスパークしていくのを感じましょう。

美しい色の光を浴びて、恍惚とする至福の感覚に満たされて、しばしうっとりしましょう。

幸運の女神の美と祝福のオーラを身に纏い、あなたの髪や肌は艶々ピカピカになります。運気は絶好調!!　次々と奇跡が舞い降りてきます。光を浴びているうちにあなたのブロックが消え、同じ体験をしても気にならなくなり、落ち込まなくなります。

そうなるまで繰り返し天界のシャワーを浴びて、洗い流していきましょう。

10

OPEN SESAME

わたしの羅針盤

物言わぬ神々の声に耳を澄ます

あなたの気持ちは、あなたの神様です。あなたの気持ちは、あなたを幸せにしてくれます。

どんな偉業を成し遂げたスゴイ人でも、時の権力者でも、決してあなたを幸せにすることはできません。あなたの気持ちだけが、あなたを幸せにすることができます。あなたの気持ちはお天気です。

「こんなに落ち込んでいたらいけない。何とかポジティブにならなきゃ！」と思うことはありませんか？　雨が降ってはいけない？　雷が鳴ってはいけない？　曇ってはいけない？　そんなことはありません。

いつも晴れていなければいけないなんて、そんなの不自然です。雨が降れば傘をさし、寒ければ上着を着ます。太陽が強い日は、風通しの良い服を着て日陰で涼しく過ごします。天気に合わせて暮らしを工夫します。

ですが、自分の気持ちに合わせてライフスタイルを工夫する人はあまりいません。

ネガティブな感情が湧くと、ムリやり抑えつけて何とかポ

ジティブになろうとします。

お天気をどうにかしようと思わないように、あなたの気持ちをどうにかしようと思わなくていいのです。

環境に合わせて感情を変えるのではなく、感情に合わせて環境を変えましょう。

私たちは、晴れると気分がパァ〜っと明るくなり、外で活動したくなります。しとしと雨が降れば、室内で静かに過ごし疲れた体を休めることができます。雷が鳴れば春の訪れ、など新しい季節の到来を知ることができます。

お天気は地球のみんなの気持ちの集合体なのです。

あなたの感情はお天気と同じで、あなたが「今、何をすると良いか」を知らせてくれます。

その時々に感じるあなたの気持ちを羅針盤にして、人生という大航海を楽しみながら進んでいきましょう。

11

OPEN SESAME

人生の宝物

至福のレシピ

いくら成功しても、○○が無いと意味がない

いくらお金持ちでも、○○が無いと意味がない

いくら美人でも、○○が無いと意味がない

いくら学歴が高くても、○○が無いと意味がない

いくら良い家に住んでも、○○が無いと意味がない

いくら自由になっても、○○が無いと意味がない

○○には何が入りましたか？

それが、あなたが人生で本当に必要としているものです。

あなたの幸せのレシピを手に入れましょう。

12

OPEN SESAME

ボーダーラインを越えていく

HAPPYパスポート

あなたが越えられないと思ってきたボーダーラインを越える時がやってきました。

今あなたは、素晴らしいパスポートを持っています。それを使って越境しましょう。あなたがこれまで勉強して身につけた知識や、磨き上げてきたスキルが、貴重な人生のパスポートになります。

ですが、せっかくの技術も家の引き出しに仕舞っていては、日の目を見ることができません。

どんなに素晴らしい才能でも、価値がわかる人に見せないと意味がありません。あなたの価値は、人の手に渡って初めてその真価を発揮します。

あなたの技術や能力を、他の人のために使いましょう。そして、あなたが満足するだけたっぷり報酬をもらいましょう。

もしかしたら、あなたにとって、それは日常的で当たり前すぎて、特殊な才能だと認識していないのかもしれません。ですが、あなたの才能は地球の宝物です。せっかくの素晴

らしい才能を眠らせないよう、日の当たる場所に置きましょう。

そして、あなたが言いたいことや伝えるべきことは、しっかりと言葉にして伝えましょう。ちょっとした言い添えの言葉がラベルになり、素晴らしい最高の宝物に早変わりします。

多くの人は説明がなければ、物事の真価がわからないのです。看板やラベル、説明書があることで初めてその価値に気づける、という人が世の中ほとんどなのです。

少し大袈裟なくらいに、あなたの価値をアピールしましょう。そうすれば、あなたの人生に思ってもみなかった展開が起こるでしょう。

あなたにとっては暇つぶしの遊びでも、他の人にとっては素晴らしい才能なのです。

人とは違う、あなたのユニークさをもっと楽しんでください。

13

OPEN SESAME

自由の扉が開きます

足を踏み鳴らし、
大地の精霊を目覚めさせる愛のダンス

これから、あなたの人生は、これまでよりずっとラクに自由になります。自由の扉を開くための黄金の鍵を見つけたあなたは、理想に向かって突き進んでいくでしょう。

これまでの時代では絶対に必要だと思われていた、通勤や会議などの形式的な習慣が、別に無くても困らないということに多くの人が気づいてしまいました。不要な習慣を、そのまま惰性で使い続けるのか、それとも思い切って捨てるのか、それによって今後の人生は大きく変わります。

特定の組織の中で暮らしている時、私たちはその集団特有のルールに縛られ、がんじがらめになり身動きが取れなくなります。ですが、いったん外の世界に出て全く別の生き方があることを知ると、まるで曇りが晴れるように目が覚め、心が一気に自由になります。

さまざまな制約から解放され、レボリューションが起こります。世の中には理不尽な規則やルールが山ほどあります。

まだインターネットが普及していなかった頃は、小さな村から大きな国まで、とんでもないルールがまかり通っていました。

ですが、多くの人が自由な世界を知ってしまった以上、古いしきたりは一気に色褪せ、意味をなさなくなります。

今あなたは、大きな自由を手に入れました。理想の世界が簡単に手に入ることを知ってしまったのです。

理想を手に入れている人たち、そして、その手段を見てしまったのです。

確実に結果が出ると信じていた道を選ぶほうが返ってリスクが高いのかもしれない、前例主義は決して安全ではない、ということもわかってきました。

これからは、多くの人が踏みしめた既存の道を捨てて、あなたオリジナルの道を切り拓きましょう。

今あなたは、空に光の線を描いています。真っ直ぐに伸びたり、くるくると螺旋を描いたり、自由自在です。

遊び心で描いた落書きは、やがて光の道になり、あなたは空を飛ぶように広い世界で活躍するでしょう。

14

OPEN SESAME

ライフ イズ ビューティフル！
愛し愛される喜びに
包まれるでしょう

春を祝うダンスと、バスケットの花々が
混ざり合う賑やかな香り

これからあなたは、思いがけない愛に出会い、強く優しく抱きしめられるでしょう。

私たちは誰もが赤ちゃんのように「可愛い、可愛い」と、無条件に愛され、優しく大切にされたいのです。

ですが、だんだんと大人になるにつれて「自分は大切にされていない」と感じることのほうが増えていきます。

時には敵としてみなされ、攻撃されたと憤りを覚えます。批判された！　否定された！　ムシされた！　拒否された！　騙された！　裏切られた！　「あの人から攻撃された」と怒り、**相手と自分は別物**という分離の意識が強くなります。

ですが、感情の嵐が去って気持ちがひと段落着いたら、相手を許す作業に入りましょう。

「なぜあの人は、こんなことをしたのだろう？　どんな考え方をしているのだろう？」と冷静に観察するのです。

「あぁ、このことを批判と勘違いしたのかな。私にとっては褒め言葉のつもりだったけど」という風に、相手の視点を

自分の中に取り入れるようにします。

すると、どんなに荒れ狂う感情の中にいても、相手の考え方を理解しようとすることで、魂が急激に成長します。それに伴って、社会的評価が上がり、収入も上がり、人生ステージも上がるようになります。

相手を許せば許すほど、人生にラクに幸運を流入させることができるようになります。相手を許すということは、自分を許すということだからです。

他人の許せないことは、自分が自分に禁止していることです。人生に禁止事項が増えると、人生が不自由になります。

「許せない人を自分の中に取り込むか、それとも追い出すか」によって、あなたの次元は上がったり下がったりします。許しは、次元上昇と人生ステージを上げる鍵なのです。

許すということは、愛するということです。あなたは許されて、愛される体験をするために地球にやってきました。

相手を許し愛することで、そのことを思い出すでしょう。

15

OPEN SESAME

靴から始まる物語

ガラスの靴は煌めく人生への招待状

あなたを待っているのは、煌びやかな世界です。シャンデリアの灯りに、キラキラ光が乱反射するガラスの靴がとても綺麗です。ガラスの靴は、あなたが履いてくれるのを今か今かと待っています。「早くその靴を脱いでくれないかなぁ」と思っています。

ですが、あなたは今履いている靴を脱ごうとしません。

「脱いだら歩くのに困る。この靴を捨てたら新しい靴が手に入らない。まだ履ける靴を捨てるなんて勿体ない」と思っています。

古くなった物にしがみついていると、宇宙の計画が狂ってしまいます。**もしも、あなたが使っていないのに持ち続けている物があれば、今こそ手放しましょう。**

例えば、あなたが憧れの芸能人に会った時に、毛玉だらけのセーターを着ていたり、似合わない髪型をしていたりしたらガッカリしませんか？

「こんなに素敵な人なのに、どうしてこんな服を着ているんだろう？　その髪型でせっかくのスターが台無しだわ」

勿体ないと残念に思うのではないでしょうか？　あなたも光り輝くスターです。スターにふさわしい衣装を身につけましょう。

身の周りを見渡して**あなたの価値を台無しにしている**と感じる物があれば、思い切って捨てましょう。

今ある物を捨てて、もっと良いものが獲得できるなんて、今はとても信じられないかもしれません。ですが、自然のサイクルを見てください。全ては完璧なシステムで動いています。

自力で何とかしようとするのをやめて、もっと宇宙を信頼しましょう。あなたは、素晴らしい光り輝くスターです。あなたのために作られた、きらきら輝くガラスの靴を履きましょう。どうぞ安心して、履き古した靴を捨ててください。ガラスの靴が、あなたを光輝く人生ステージへ連れていってくれます。

かぼちゃの馬車に乗ってお城に着いたら、両手いっぱいに煌めく星の花束を受け取りましょう。
胸ときめく素晴らしい日々が、あなたを待っています。

16

OPEN SESAME

あなたは先駆者です

アヴァロンの古代の知恵にアクセスする

勇敢で優れた指導者のあなた。あなたには誰かスゴイ人の承認や許可など要りません。

「私はリーダーシップを取る器じゃない。もっと修行しなければ。まだ準備ができていない」と遠慮したり、決断を先延ばしにしたりする必要はありません。

大きく息を吐いて落ち着いたら、一歩前に踏み出しましょう。

後はアレコレ試行錯誤を楽しみながら、より良い方法を見つけて一歩ずつ進んでいきましょう。

「一体、何をしたら良いのだろう。これで良いのかわからない。誰か教えてほしい」と思っても、どうか今は、あなたの力を信じてください。

自分で感じて自分で決断してください。他人ではなく、あなたが**自分で決める**ということ、その行為自体が重要なのです。

「やらされてる」と感じながらやることと、自分から「やっ

てみよう」と積極的にやることは、同じことをしてもパワーが全く違います。

人は自分で決めると自信がつき、他人から決められると自信が喪失するようになっているのです。あなたをもっと信頼して、もっと気軽に色んなことにチャレンジしましょう。

例えば子供の頃、友達の家に行って「○○ちゃん遊ぼう～！」と誘ったように、人に気軽に声をかけてみましょう。

「断られたら、どうしよう。失敗したら、どうしよう」そう考えると気持ちがズッシリ重くなり、楽しめなくなってしまいます。

何でも、立ち向かわなければならない課題や、果たすべき任務のように真面目に考えなくていいのです。せっかくの楽しいイベントも、そこに何かの重たいエネルギーを乗せると、楽しい気分がすっかり失せてしまいます。

断られたら「OK！　別の人を誘ってみよう」失敗したら「まぁ、また次回やってみよう」と軽く流しましょう。

同じことでも、気軽にやってみると上手くいくことが世の中にはたくさんあります。

物事を上手くいかせようとするのをやめて、純粋に楽しんで、もっと遊びのエッセンスを人生に取り入れましょう。

アヴァロンの魔法

今も別次元に存在している、古代の知恵にアクセスしましょう。そこにいる、あなたのファミリーや仲間に気軽に呼びかけてみてください。

「どうか私に、アヴァロンの知恵をもたらしてください」
そう言うと、古の叡智が蘇ってきます。

「私の唯一無二の才能が目を覚まし、地球で活躍できるよう道を切り拓いてください」とお願いしましょう。

17

OPEN SESAME

星の故郷の
祝福が降り注ぐ

おかえり、ただいま

あなたを心から「愛おしい」と思ってくれている人がいます。

地球にあなたが誕生した瞬間、祝福のシャワーが降り注ぎ、あなたは愛の光でキラキラと輝いていました。

あなたが地球に生まれたのは、あなたの夢の世界を地上に誕生させるためです。あなたは最近、その使命を思い出したのではないでしょうか。あなたには素晴らしい想像の翼があります。あなたは地上に舞い降りたエンジェルです。

あなたは、地球のキャンバスをカラフルな夢の絵の具で塗り、人々を魅了するチャーミングな魔法使いです。あなたが手をくるくると動かすと、天界の音が鳴り響き、金の粉が舞い、キラキラ辺り中が煌めきます。

虹の向こう側にいる、あなたの仲間の姿を目にすれば、星の故郷の記憶が呼び覚まされ、懐かしい感覚が蘇ってくるでしょう。

再会の嬉しさのあまり、お互いに走り寄り、思わず抱き合っているでしょう！

18

OPEN SESAME

あなたの尊い色

光で生きる喜び

ありのままのあなたを愛してくれるソウルメイトとの出会いがあります。或いは、もう出会っている大切な人との仲がさらに深まっていきます。

あなたは、感受性豊かで繊細な美しい人です。あなたのしなやかな体は、やわらかな花びらそのものです。石を握る時のような強い力で花びらを触らないように、あなたの体も、そっと優しく触ってください。

共感能力に優れ洗練された感性を持つあなたにとって、地球で肉体を持って生きるのは、なかなか大変なことです。

「これぐらいのことで疲れてしまうなんて。みんなできてるのに、どうして私だけ」とムリに自分を強くしようとする必要はありません。

他者との境目が薄く、他の人はあなたの優しい色に簡単に流入してきます。それは淡い色に濃い色が混じり合うような感覚です。

あなたの淡く美しいグラデーションを守るためには、透明な防御壁が必要です。

「どうして、他の人のように強くないんだろう？」と悩む必要もありません。

敏感で繊細なのは特殊な能力なのです。繊細なガラス細工のように周りをケースで覆って、丁寧に扱うべき地球の宝物なのです。

期待や依存、悲しみ、苦しみ、病気など、他の人のエネルギーからあなたの身を守りましょう。

その高度なアンテナで、たくさんの情報を取り込みすぎないように、その都度、必要な分だけ選んで取り込みましょう。

毎日、あなたが意識的でも、無意識的でも繋がってしまうエネルギーがあれば、しっかりとボーダーラインを引きましょう。

ストレスやプレッシャーを感じながら、ムリに誰かと仲良くする必要はありません。あなたは美しく神聖な人です。あなたの尊い色を守りましょう。

アファメーション儀式

私は嫌いな人や苦手な人とつき合わなくてもよいことを、私に許可します。

私は自分の好き、嫌いという気持ちに正直でいることを、私に許可します。

私は自分を活かせる環境で、自分らしくいられる人たちと暮らすことを、私に許可します。

19

OPEN SESAME

壮大な探求の旅に
乗り出す時

一気に波に乗る大チャンスの到来

今、あなたの人生の水面下で、新しい目的地に向かっていくための準備が進んでいます。

ソワソワとして落ち着かないような、胸のざわめきを感じませんか？　ザザザ〜ンと大波が来たら、一気に波に乗りましょう！　今のあなたに必要なのは、潮を読む力です。

悠長に、あれこれ考えているヒマはありません。前に上手くいかなかったことや、恥ずかしかったことなどは、先にジャンプして吹き飛ばしてしまいましょう！

「今だ！　飛べ！」と力強く号令をかけましょう。

高く飛ぶためには、助走の勢いと踏み込みが必要です。あなたの全てを、あなたの希望にぶつけましょう！

今こそチャンスの時です！　たとえ目的地に着くまでに試練が訪れたとしても、あなたは必ず成功します。

成功を確信してください！　最高のタイミングで行動しないと、宇宙全体の計画が台無しになるかもしれません。

あなたに差し出されている、とびっきりゴージャスな贈り物を受け取りましょう！　やっと、あなたの宝物を手にする時が来たのです。

鳳凰の舞　根源のパワーにアクセスするワーク

火の鳥よ、私が最高のタイミングでチャンスを掴めるよう、どうかサポートしてください。

火の鳥よ、私が恐れに打ち勝ち行動できるよう、どうかサポートしてください。

火の鳥よ、私が変化をスムーズに受け入れ新しい世界に飛び込めるよう、どうかサポートしてください。

20

OPEN SESAME

タイムマシーンに乗ってGO！

時間の断層が生まれ、
異次元の世界が入ってきます

今、あなたの時間が変わろうとしています。「時間が変わる」それはつまり「新しい世界にシフトする」ということを意味しています。

時間は脳のフィルターを通すと、過去→現在→未来へと一方通行で流れているように見えます。

私たちの誰もが「過ぎ去った過去には二度と戻れない」と信じています。しかし時間はもともと存在していません。人間が共通意識で決めたルールによって、時間を決まった形で存在させているだけなのです。

地球に来ると、この時間のタイムラインによってさまざまな可能性が制限されることになります。

「時間のせいでできないこと」が地球には山ほどあります。と言っても、時間の制限が地球の最大の魅力であることも否めないのですが。

人生に行き詰まった時は、時間の制限から自分を解放してあげると良いのです。

例えば自然の中や神社にいる時「ここだけ時間が止まっているよう」と、まるで時間が無いように感じることがありませんか？

時間が止まっている感覚その感覚を一日のルーティンに取り入れるようにしましょう。

「締め切りが迫っている」「もう若くない」「時間が足りない」「どんなに後悔しても過去は取り戻せない」

こういった、時間が過ぎ去るという概念を捨てて、あなたの好きなように時間を作ってみましょう。

時間を操るマスターになりましょう。時間を作る方法は簡単です。意識を今この瞬間に合わせて呼吸をするだけです。

意識を過去や未来に飛ばさずに、今という瞬間だけに合わせると、細胞から「過去から未来に一方通行で流れるタイムラインに従って歳を取る」というルーティンを外すことができます。

細胞が、今この瞬間だけのタイムラインに切り替わると、

人は歳を取らなくなります。

人間が細胞に「時間が経つと歳を取って衰えて死ぬ」ように初期設定して、老朽化するように動作しているだけなのです。

地球では、何でもルーティン化されていて、初めに設定したパターンが繰り返されています。なので、過去や未来に意識を飛ばすのをやめるだけで若くいられたり、さまざまな社会的制約から自由になれたりするのです。

今ここに集中すると、まだ来てもいない未来への取り越し苦労や、不毛な過去への後悔や執着からも解放されます。

リラックスして、今あなたの目の前にあるものだけに意識を向けましょう。

あなたは時間のマスターとなり時間を好きなように操り、いくらでも無限に時間を使えるようになるでしょう。

21

OPEN SESAME

欲しいのはアドバイス じゃなく優しい言葉

太陽と月が呼び合うホワイトローズの囁き

こうするべきを一番にすると、人は快適ではいられなくなります。

いつも**せねばならない**という強迫観念に囚われていると、人生が窮屈になっていきます。

真面目で律儀な人ほど自分に厳しく、快適さとは無縁の生活を送っています。

快適という感覚は今あなたの才能を、最大に発揮できる環境にいますよという宇宙からのサインです。

快適でない場所では、あなたのパワーを十分に発揮することができません。

何でも上手くやる必要はありません。リラックスすることで、別の展開が起こるようになるからです。

「お姉ちゃんだから」「お兄ちゃんだから」「私のほうが年上だから」「私のほうが立場が上だから、私がしっかりしなくっちゃ！」と、意識的でも無意識的でも、責任を感じることが日常的にあるのかもしれません。もっと肩の力を抜き

ましょう。

誰かに頼ったり甘えたり、家族や仲間とたわいもない話をしたり、ホッと安心する時間があなたには必要です。

目に見える成果や効率、生産性だけを追い求めていると、何も達成しないように見える行為は時間のムダ使いに思えるかもしれません。

ですがムダなことの中にこそ、あなたが自分らしく生きていくために必要なエッセンスがあるのです。

幸せに成功している人は、快適度数が高い人です。

あなたのアンテナをフル活動させて「どうしたら快適に過ごせるか？」をいつも意識しましょう。

体調管理するのと同じように、あなたの心地良さを管理していきましょう。

22

OPEN SESAME

とんでもなくツイテル！

宇宙に豊かさの元本を差し出す

運気が急落する原因の一つに「なんだ、たったこれだけ」と思うクセがあります。

一度この考え方がクセになると、どんどん運気は落ちていきます。なぜなら、足りないものを見ているからです。

体の向きがマイナスの方向を向いているのです。そのまま進んでいくと当然マイナスに到着します。プラスに行きたければ、プラスの方向に体の向きを変えなければなりません。

たとえ10円でも見つけたら「ヤッター！　ツイてる！　運気が上がってる！」と大喜びする演技をするのです。

これだけでプラスの方向に体が向きます。

体の向きさえ変えれば、後は普通に暮らしているだけで、プラスになることばかりが起こってきます。

「わっスゴイ！　なぜか、お金が入ってきた！　こんなにたくさん！」豊かさを見つけて大喜びしている、そのあなたが元本として必要です。

その元本がない限り、どうやって宇宙が豊かなあなたをコピーできるでしょう？　宇宙には**コピー＆ペースト**しかできないのです。

まずは、あなたが豊かさに満足しているあなたを演じて、宇宙に元本を差し出しましょう。

今あなたは、とんでもなくツイています！

どんどん豊かになり、ワクワクが止まらないミラクルな出来事が次々と起こるでしょう。

23

OPEN SESAME

自分から先に答えを言う

星導　澄み切った空の向こう側

私たちは、どうしたら良いかわからず、悩みに悩むことがあります。何とか問題を解決しようと奮闘しては「やっぱりダメだ」とうなだれ落ち込みます。

それは、あなたのやり方が悪いのでも頑張りが足りない訳でもありません。他の誰でもないあなた自身が、上手くいかないようコントロールしているのです。

たとえ意識の上では**上手くいかせたい**と思っていても、無意識下では**上手くいくと何かしら困ること**があるのです。なので、そのことが上手くいかないよう、脳でしっかりと監視してコントロールしているのです。

もしもあなたが願いが叶った時に起こるデメリットを覚悟するのなら、それは必ず上手くいきます。

目的を達成しようと奮闘するよりも「絶対上手くいく！」と決めることが先決です。さらに「これが手に入らなくても、どうせもっと良いものが来る。心配いらない」くらいに強気でいましょう。**「なんだかんだで結局、最後は上手くいく」と決めつけてしまいましょう。**

正しいやり方を探し、答えを求めて彷徨っても、あなたが欲しい答えはどこにもありません。あなたが先に答えを言わない限り、答えは存在できないからです。

「できない、どうしよう」そういった焦りや強迫観念で、自分を追い詰める必要はありません。人生は、問題を解決するために生きているのではないのです。

あなたの選択が正しいか間違っているかは、誰にもわかりません。**ただ、あなたが正解にするのなら正解になり、あなたが間違いにするのなら間違いになるだけです。**

人生は、あなたが決めた通りになるだけなのです。あなたに、どれだけ素晴らしい価値があるか思い出してください。**何かができてもできなくても、あなたは存在しているだけで価値があります。**

願いを叶えるか叶えないか決めているのは、あなたです。その願いを叶えて人生が大変になるのなら、ムリをして叶えなくても良いのです。願いを叶えたほうが、人生がラクになり楽しく過ごせるのなら、「叶える」と決めてしまいましょう。

24

OPEN SESAME

世界の美しさを見つめる目

最後の審判、復活へのオマージュ

頑張って戦って、獲物を勝ち取らないと生き残っていけない。そういったサバイバル方式で地位や報酬を得る方法もあれば、「なぜか知らないけど、手に入ってしまった」というお気楽モードで報酬を得る方法もあります。

今のあなたにはモードの切り替えが必要です。
忙しくしていないと落ち着きませんか？　ヒマでいると、自分が無価値に思えますか？

「忙しいのも嫌だけど、ずっと暇でも困るなぁ」「なかなか手に入らないのも嫌だけど、簡単に手に入っても困るなぁ」そんな観念があなたの中にありませんか？

「お金は欲しいけど、こんなにラクしてお金が入ってきても大丈夫かな？　何だか怖いなぁ」

お金が入ってくるようにするのは、とても簡単です。お金に執着せず、気楽に使うと良いのです。

「お金は簡単には入ってこない」と信じていると執着が生じ、財布の紐が堅くなります。

「お金は簡単にいくらでも入ってくる」と信じていれば、簡単にお金を出すことができます。

使う金額を、少しずつ大きくして慣れていけば（生活の破綻などのスリルを体験せずに）、お金の器を少しずつ広げていくことができます。

「ギャンブルは嫌だ、人のお世話になるのはまっぴらゴメン。利用目的で人が寄ってきたら困るから、お金があることは黙っておこう」など、対人トラブルへの恐怖から、自分の中で取り決めている禁止事項やMYルールが、人それぞれあるものです。

そして、このタブーが豊かさの流れを堰き止めます。

高額な物を買う、お金を借りる、お金を貸す、自分に高い値段をつける、などタブーを破る恐怖に飛び込まなければ、お金の器は広がりません。

お金がなかなか入ってこない人は、許せないお金の使い方をしている人の真似をしてみると、閉じているゲートが開きます。

お金持ちの人ほど、お金の制限が人よりゆるいのです。

タブーを冒し、自分の恐怖にダイブして縛りを緩め、器を広げていったのです。

あなたのMYルールを見直してみましょう。時代に合わせて、少しずつアップデートする頃かもしれません。

ABUNDANCE　WORK　青い蝶の誘い

あなたが思っている以上に、あなたは豊かです。

ただ、あなたに見えている豊かさと、見えていない豊かさがあります。

「それは見えてもいい」「それは見えないほうが（都合が）いい」など、豊かさは、あなたの脳が決めている通りに現れます（鼻は視界に入っていますが、見えると生活の邪魔になるので脳が見えないようにしています）。

あなたの中で**見る**と決めている豊かさは何ですか？　あな

たの中で**見ない**と決めている豊かさは何ですか？

青い蝶が、あなたの目の前にポワンと現れました。蝶に、あなたが見たい世界を伝えましょう。

例えば、このように言いましょう。
「ハワイで暮らす海辺の家。開放的で緑豊かで、お洒落なプールつきの家」

青い蝶が舞うと、その風景が現れます。これで、あなたの豊かさを可視化できました。

あなたがイメージした映像は、すでにどこかの周波数で存在しています。見ようと意識して周波数を合わせれば、現実にできます。

「それをどうやって手に入れようか」と方法に思いを巡らせるより、あなたが手に入れたいものの姿をもっとリアルに思い描きましょう。

日常的に可視化することに、あなたのパワーをどんどん使っていきましょう。

25

OPEN SESAME

無邪気に喜んで受け取る

エデンの園と林檎の木

もっと大っぴらに喜んでプレゼントをもらいましょう！　お金をもらった瞬間に喜ぶと、それだけで相手に幸せを与えることができます。与える人は、あなたを喜ばせたくてプレゼントしているのです。ただただ無邪気にはしゃいで、全身で喜びましょう。

「こんなにもらって、お返しができるのだろうか？」と心配する必要はありません。お返しなんて必要ありません。

ただただ目いっぱい喜んで、感謝してください。お金をもらいっぱなしで居心地の悪い人は、受け取り下手でお金の巡りが滞っています。

何もしないでお金をもらう罪悪感を自分なりに解消しようと、わざわざ苦労を買って出たり、苦労話をアピールしたり、もらわないという手段さえも平気で選びます。

そういったところに労力をかけるくらいなら、思い切ってもらったほうが良いのです。気持ち良く人の好意を受け取りましょう。そもそも、あなたの肉体も頂いたもので、環境も頂いたものです。自分だけで手に入れた訳ではないのです。

「何もしていないのに、お金をもらってはいけない」という思い込みを捨て「喜んで受け取ると、相手も喜んで幸せが広がる」そう思いましょう。

あなたが楽しくお金を使えば、世の中に豊かさを循環させることができます。頭でアレコレ考えず、もっと喜ぶことに集中しましょう。

エデンの園と真っ赤な林檎

今あなたは、赤く艶やかな林檎の木の下にいます。向こうから男性が近づいてきました。眩しい太陽を背にしているため、男性の顔はよく見えません。

男性はあなたに、真っ赤に艶々と輝く林檎をくれました。「ありがとう。いただきます」と言って食べましょう。あなたが林檎をかじった途端、体が粘土のようにグニャグニャと形を変え、あなたの姿がみるみる変わっていきます。

あなたは、どんな姿になりましたか？
それは、あなたが未来に出会う大切な人の姿です。

26

OPEN SESAME

今とひとつになって遊ぶ

地球遊園地と白いイルカたち

遊園地から、楽しげな音楽が流れてきました。メリーゴーランドが回転し、焼き立てのパンの良い匂いが漂ってきました。

あなたは、今日は何をして遊びますか？　どうもあなたには、気分転換が必要なようです。

苦労して頑張って、自分の価値を感じるという時代がありました。そういった古い概念で生きてきた時代の人たちは、「自分がいないと家族が困る」「自分がいないと会社が回らない」と、誰かの役に立つことで自分の存在意義を感じ、役に立てなければ、自分には存在する価値が無いと信じていました。

「もっとラクに生きていい。もっと自由に楽しんでいい。もっとみんなと仲良くしよう」という風に気持ちを切り替えると、停滞してストップしていた物事が息を吹き返し、生き生きし始めます。

そして仕事では、驚くほどパフォーマンスが上がるようになります。

あなたはもっとラクをして、良い思いをするべきです。働き方を時代に合わせて、バージョンアップする時かもしれません。

陽だまりを探して、そこでポカポカぬくぬくと過ごすようにしましょう。

みんなの温かいハートに包まれて、幸せな気分を味わいながら、気づいたら成果が挙がっていた！

そんな次元へシフトしましょう。

何でも遊ぶつもりでやってみましょう。色んなアトラクションに乗って地球遊園地を楽しんでください。

あなたの周りに可愛い白いイルカが集まってきています。みんな、あなたと遊びたくてうずうずしています。

さぁ麦わら帽子をかぶって、イルカたちと遊びに出かけましょう！

白いイルカのワーク

夜寝る前にイルカを呼びましょう。「一緒に遊ぼう！」そういうとあなたの目の前にイルカたちが現れます。

イルカたちとくるくる回って踊ったり、キレイな海で泳いだり、好きな星に行って、目一杯遊んで眠りにつきましょう。

翌日、夢で素晴らしいお知らせがあるでしょう。夢を覚えていられるように、天使にお願いしておいてください。

27

OPEN SESAME

人生の主人公はわたし

カーテンコール拍手喝采

これまで、あなたの人生では他の人が舞台に立って主役を演じていました。あなたは「私に主役なんてできない」と自分に言い聞かせていました。

「これでいいんだ、仕方ない」と言いながらも、情けないような悔しいような気持ちになって「自分なんて、どうせ」と、いじける日もありました。

ですが、心のどこかでは「他の人が主役になれば、自分は目立たずにすむ」と、胸を撫で下ろしホッとしている自分もいたのです。

「みんなにガッカリされたらどうしよう。ヒドイ評価をされたら、ショックで立ち直れない！」と心配でたまらず、好奇の目や批判の毒矢から自分を守りたかったのです。でも、ついにあなたは舞台に立ちました。

勇敢なあなた……。しかし、観客がいません。誰もいません。ホッとするような、寂しいような……。せっかく勇気をふりしぼって舞台に立ったのに、誰も見ていないなんて。

「誰も観客がいないなんて！」そう思ったのですが、それも

束の間でした。暗闇の観客席にスポットライトが当たると、お客さんの姿が見えたのです。

みんな笑顔であなたを見ています。
そして盛大に拍手をしてくれました。

あなたは飛び上がるほど嬉しくて、緊張も吹き飛んで顔をくしゃくしゃにして泣いています。

あなたが暗闇を見ると光が当たり、見えなかったものが見えるようになります。なかったものがあるようになります。

見えないものを見ると、見えるようになるのです。

これが、宇宙に数ある法則の中でも最も有名な**引き寄せの法則**です。

あなたが**無いと思っている部分**を、もう一度ジ〜っと見てみましょう。

そこには誰がいますか？　何がありますか？

28

OPEN SESAME

時代が、
あなたについてきます！

地球のテレポーテーション

あなたは、とても進化した魂を持って地球にやってきました。

これまでの時代では、社会が決めた幸せの形に、なかなか馴染めずにいたかもしれません。

形式重視の堅苦しい社会で、視野が広く自由な見識を持つあなたは、肩身の狭い思いをすることもあったでしょう。

決められた枠にどうしても自分を当てはめることができなくて、かといって、なかなか理想の自分になれない自分に失望したり、自分の価値観とはかけ離れた義務や任務を果たさないでいたり……。世間に責められているような気がして、生きづらさを感じることがあったかもしれません。

誰かがあなたを思い通りにしようとする時「あなただったらできると思ったのに。あなたがこんな人だと思わなかった」と言います。

「私の期待通りにしてくれるよね？」と暗に強制されて嫌な気持ちになるのですが、自分を認めてほしいという気持ちから、相手の期待に応えようとします。

親が求める自分像になれないことで、自分をダメな人間だと思い込んでいる人は、世の中にたくさんいます。

ですが、誰かの期待に応えることができない自分をダメ人間と言うのなら、ダメ人間でいるほうがよっぽどマシです。

世の中は、さまざまな人の正しさと間違いで溢れ返っています。

他人の評価を気にして期待に応え続けていると、他人にとって都合の良い人間になり、自分を侮り蔑ろにするようになります。

他人の顔色ばかり窺っていると、世の中の不当な扱いはエスカレートし、心の奥底に怒りを溜め込むことになります。

長い間放置してきたあなたの気持ちに向き合って、怒りを解放しましょう。

あなたは、あなたが話を聞いてくれるのを、ずっと待っています。

もしもあなたが、まだあなたと和解できていないのなら、外側を見るのをやめて、じっくりと自分の内側と話し合うことが必要です。

あなたは、本当に大切なものが何かを知っています。

あなたは本来、地球からかけ離れた広大な宇宙意識の人です。物事の真価が一瞬でわかる人です。

だんだんと、時代があなたに追いついてきました。

これから先は、周りの人の意見は気にせずに、あなたを信頼して進んでいってください。

意識が飛ぶ感覚が強まり、歩くよりも飛んでいく瞬間移動が増えて（！）、とてもラクに人生ステージが上昇するでしょう。

地球のテレポーテーションを楽しんでください！

29

OPEN SESAME

まばたき一つで
世界が変わる！

新たな生命の息吹で満たされる春の庭

これから、あなたの存在が多くの人に知れ渡ります。まるで日陰でひっそりと咲いていた、可憐で美しい花のようです。

ある日急に工事が始まり、周りの柵が取り壊されることになり、人々は、この美しい花の存在に気づきます。

あなたの姿やあなたの作品が、たくさんの人の目に触れることになるでしょう。あなたの隠しておいた能力が、どんどん花開いていきます。

これからは周りの人の気持ちを察知して、遠慮して出さずにいたあなたの才能を惜しみなく発揮してください。

これまでの時代では、階級社会で生き残る方法として、自己消去法が多く使われていました。

できないふり、わからないふり、美しくないふり、不幸なふり、自分の意見を言わない、目立たないことで命を守っていたのです。

ですが、あなたの美しい花をみんな見たいのです。

あなたの頭に天から真っ直ぐ光が降りてきて、あなたの天の道が開通します。

好きなだけ美しく着飾ってください。
美味しい物を食べて歌って踊って笑ってください。

星の仲間と響き合い、あなたの人生を謳歌してください。

30

OPEN SESAME

あなたをカラフルに
輝かせましょう

イースターバニーが庭に置いていった
パステルカラーの卵

可愛いうさぎが、あなたにカラフルな卵を置いていきました。あなたへのサプライズプレゼントだそうです！

でも気をつけてください。草陰で毒ヘビが卵を狙っています。ヘビに卵を取られる前に、素早くカゴに入れましょう。

私たちは、怒りや悲しみ、苦しさ、寂しさなど、さまざまな感情を味わいながら日々生きています。

妬みや嫉妬、恨みなどのマイナスの感情は「あの人にはあるのに自分には無い」と信じている時に起こります。

そして誰かから「あなたが嫉妬されている」ということもあります。

こういった感情が絡まり合った状態でいると、何もしていないのに疲れたり、寝ても休んでも体が重かったりします。何をしても思うような成果が出ず、足を泥沼に引っ張られて浮上できないような感覚です。

また、多くの人のネガティブな感情が集まっている周波数帯に繋がると、ネガティブな感情が手に負えないほど大き

くなるケースもあります。

イライラしたり、悲しくなったり、ザワザワしたり、寂しくなったり、落ち込んだ時はすぐに**「これは、私の感情ですか？　それとも他の人の感情ですか？」**と口に出して自分に問いかけてみましょう。

すると、スーッとイライラが消え、ザワザワが静まり、寂しい気持ちや虚しい気持ちが消えてなくなります。

口に出して言うだけで、自分と他人の感情が区別され、他人のネガティブな感情がスーッと消えてなくなるのです。

毎日ゴミやホコリが出るように、ネガティブな感情も毎日出てきます。感情も整理整頓してクリーニングしましょう。

あなたの幸運を、ネガティブな感情からしっかりと守りましょう。

紫の炎の儀式

「私は、嫉妬の感情を手放します」と言って、体に巻きついている根っこを紫の炎で焼きましょう。
美しい紫の炎はレーザー光線で、身体に巻きついている根っこが、シュンっと音を立てながら、みるみる消えていきます。

根っこが消えると、あなたの顔色がパァっと明るくなり、肌や髪の毛が、どんどん綺麗になりツヤツヤに輝き出します。

どこからともなく森林のフレッシュで爽やかな香りがしてきます。

体が軽くなり、快活な気分になるまで根っこを燃やしましょう。

31

OPEN SESAME

幸せの種を見つける

ペリドット　恋する気持ち

恋人になれそうだから、好きになるのではありません。結婚できそうだから、好きになるのでもありません。

ただ好きになってしまう。「どうして好きなの？」なんて理由を聞かれても困るのです。

それは、子猫や子犬を見て可愛いと感じた時「なぜ可愛いと感じるの？　どうして？」と聞かれても困るように、好きな気持ちに理由なんて無いのです。

時に、私たちは好きでもないものを好きになろうとして「どうして好きになれないのかしら」と、自分の気持ちを責めることがあります。

「どうして、ヤル気になれないのかしら」と、苦手分野を克服しようと格闘してみたりもします。

好きでもないものを「好きにならないといけない、嫌ってはいけない」と信じて苦悩する時代がありました。「誰とでも仲良くしましょう。人によって態度を変えてはいけません」と学校で習ったからです。

ですが嫌ってもいいのです。自然に溢れ出す好きや嫌いという気持ちは、どうすることもできません。

「よし、好きになろう！　ヤル気を出そう！」と奮闘してみても、結局好きにはなれません。徒労に終わるだけです。

そうではなくて、ムリやり好きになろうとするのをやめて、あなたが好きと感じるものを選んでいくようにしましょう。

自分の気持ちを誤魔化していると、ただ普通に暮らしているだけで疲れてしまうようになります。

「嫌いだなんて思ってはいけない。何とか好きにならなくては……」確かに社会では、自分の気持ちを抑えて周囲に合わせる必要のある場面が多々あります。

それでも「私はこれが好き」と感じることが、あなたの魂には必要です。

それは自分の好きなものに対して、愛が湧き出すようになっているからです。

例えば、嫌いな仕事をしていると「少しでも残業したくない」「疲れたくない」と、自分のパワーを出し惜しみしようとしますが、好きな仕事の場合は、時間をいくらかけても惜しくありません。

「全力で自分のパワーを注ぎたい！」という気持ちがあふれて情熱的になり、夢中になります。

人は好きなものには、いくらでも自分の愛を注げるのです。好きなものを目の前にすると、無限のパワーが湧き出すのです。

私たちは、お金が無くても生きていけますが、愛がなくなると生きていくことができなくなります。

あなたの好きという気持ちが、**あなたの愛のありか**を知らせてくれます。

あなたの好きという気持ちを大切にして、人生の羅針盤にして生きていきましょう。

32

OPEN SESAME

何をするかより どんな気分か

最高のライフスタイル

世の中には、結婚を必要と思わない人がいます。結婚をしていても、一人でいるのが好きで、別居婚をしている人もいます。

「どうして、結婚しないの？」と聞かれても返答に困るのです。

それは、お店に行って欲しくない物をわざわざ買わないのと同じで、「なぜ、お店に行ったのに買わないの？」と聞かれても返答に困るのと同じです。

「王子様と結婚して幸せなハッピーエンド」というシンデレラストーリーが長い間世間に浸透していて、誰もが結婚したいと思って当然、まともな人なら結婚するのが当たり前、といった風潮がありました。

形式重視の時代では、人と同じスタイルで暮らさなければ、たちまち好奇の目で見られ生きづらくなります。

「この人が結婚できないのは、何か欠陥があるに違いない」と疑われたり、気の毒な目で見られるのが耐えられなくてとりあえず結婚したり、もしくは家のために形ばかりの結

婚をしたりする人もいました。

一方で結婚生活が性に合い、愛する家族と仲良く幸せに暮らしている人もいます。

最近では何人もパートナーを持つスタイルへの理解も進み、社会的にも受け入れられるようになってきました。

人それぞれ幸せの形があります。他人の目を気にして、自分に合わないライフスタイルを選ぶ必要はありません。お決まりの型にはめて要らない契約を結び、窮屈な思いをする必要もありません。

多種多様な暮らし方が可能な時代になりました。あなたにとって、どんなライフスタイルが一番心地良いですか？

あなたの大好きな人と、あなたが一番心地良いスタイルで暮らしましょう。

あなたオリジナルの最高の暮らしを楽しんでください。

33

OPEN SESAME

バンザイして、
お手上げして、降参する

スバリそういうコト！

人生には「自分の力だけではどうにもならない部分」があります。そして、どうにもならない部分が人生のほとんどを占めています。

お天気が自分の力ではどうにもできないように、片想いの相手の気持ちも自分ではどうにもできないように、どうにもならない部分に関しては、気持ちを切り替えてあきらめることが肝心です。

ですが私たちは、なかなか、あきらめるということができません。何とか物事を自分の思い通りに進行させようとして、躍起になってしまいます。

事の成り行きを逐一見張り監視し「全然上手くいっていない」と宇宙にクレームをつけたかと思うと、他人の庭に入って自分の花を植えたり、他人のものを自分のものにしようと企んだり、懇願したり、時には指図までします。

そうしたところで結局「自分の思い通りになるはずもない」と心のどこかでわかっているのですが、どうしても悪あがきをやめられないのです。

ですが、**陰極まりて陽となす**で、納得いくまで、どこまでも悪あがきをしてみるのも良いのかもしれません。

ジタバタして宇宙の流れに逆らっていると、やがて対人トラブル、借金、病気など、手に負えない事態が訪れます。

そのあまりにも強烈なパンチに、呆然として腰が抜け降参するしかなくなります。

「自分で何とかしよう」という強引さがスーッと消え、放心状態になります。

すると握った手をゆるめたことで、宇宙がやっと動けるようになり、あっと驚くようなミラクルが起こり始めます。

願いを何とか叶えようと、私たちはせっせと宇宙の邪魔をしていることが多いのです。

この世は、潔くあきらめた人から、願いが叶っていきます。

両手をバンザイして、お手上げしましょう。降参して、大いなる流れに身を任せましょう！

34

OPEN SESAME

偶然の楽しみは人生の宝物

ホワイトムーンストーンの魔法

あなたは今、何に夢中になっていますか？　休みの日は、どんなことをしていますか？

地球では大人になると、子供のように無邪気に遊べなくなります。

大人が遊んでいると「いい大人が働かないで一体何をしているの？」という世間の無言の叱責を感じて、肩身が狭い思いをします。

大人が遊んではいけない理由は枚挙に暇がなく「家族を喜ばせるため」とか「仕事のつき合い」など、何か人前に出してもおかしくないような大義名分が無いと、堂々と遊ぶことができません。

まるで「大人は責任を負って義務を果たしさえすればいい」と言われているようで、憂鬱な気分になります。

「お金と時間に余裕ができたら、好きなことをして暮らそう」そう願い、苦労してせっせと働き、せっせと貯めたお金で、老後の安定と自由を買います。

計画が上手くいけば、そこで十分に遊べるはずです。ですが、実際に歳を重ねてみると内実は全然違います。

歳を取ってから若い頃したかったことをしても、全然楽しめないのです。体力が無くなっているのもあるでしょう。人の目が気になるのもあるでしょう。

地球には、その時々で魂が必要としている遊びがあり、時期を外すと、それはもうほとんど意味をなさなくなります。

桃などの果物を見ればわかる通り、物事にも食べ頃があるのです。そのタイミングを逃すと、もうそれは桃であっても桃ではなくなります。

あなたの人生にも最も美味しい旬の時期があり、それは人生で最も大切な時期に当たります（旬が訪れるタイミングは人それぞれ違います。決して若い時だけとは限りません）。

あなたが「それをしたい」と感じた時が、その物事の旬です。できる限り、あなたが「したい」と感じた時に、したいことをするようにしましょう。

あまりにも計画通りに生きていると、人生の貴重な体験を失うことになりかねません。

人は予定調和の中で生きていると、心も体も若々しさを失い、みるみる老けていきます。

肉体に閉じ込められた魂は、枠からはみ出して遊ぶのが大好きなのです。

お金では買えないもの、若さや旬、季節感、フレッシュな感覚を大切にしましょう。お金はいつでも取り戻せますが、若さは二度と取り戻せません。

あなたの人生を本当の意味で豊かにしてくれるのは、偶然の楽しみです。

その時だけに存在している、貴重な体験を見逃さないようにしましょう。

35

OPEN SESAME

命綱無しで、
自分の恐怖にダイブする！

感動の地球の旅

チャレンジしたいことがあるのに、年齢を理由に諦める人は多くいます。「もう歳だから」という言い訳の他に「お金が無いからできない」というのも、よく聞くフレーズです。

そして「お金さえあれば何でもできる」という人が、お金があっても何もできないことを誰もが知っています。

また年齢が若くても、何かとできない理由を見つけ出しては、諦める人もいます。若さという**何にでもなれる可能性**のプレッシャーに怖気づき、チャレンジすることに背を向けてしまうのです。

私たちはこういった**条件が満たせないのでできない**という悩みを持つことがよくあります。

でも実は、お金や時間が無いというのは建前で「行動したくない」というのが本音なのです。お金のせいにすれば、リスクを冒して行動しなくても良いのでラクなのです。お金を理由に、できないことにしたいのです。人間は惰性に流されやすい生き物です。
生存さえ保たれるのなら、できるだけラクをしたい、変わりたくないという習性があります。

ですが、人生の旅は思っているよりも早く、あっという間に終わりを迎えます。いよいよ死を迎える間際ともなると、多くの人が「もっと、好きなことをしておけば良かった」と後悔しています。

リスクを取らなかったことが、最大のリスクになるのです。人生で、最も大切なものを失うことになるかもしれません。

「せっかく地球に来たのだから、色々やっておけば良かった」と思うことをリストアップして、今できることから一つずつやっていきましょう。

お金が無いからできないのではありません。**そこには、自分にはお金をかける価値が無いというブロックが隠れています。**

あなたは、神聖で光り輝くかけがえのない存在です。大切なあなたにお金や時間をかけるのは当然のことです。

大好きなあなたに、愛するあなたに、感動の地球の旅をプレゼントしましょう。

36

OPEN SESAME

夜があるから、
空に輝く星が見える

ラピスラズリの夜　洞窟の天井の星空

自分のしていることに手応えがなくて、頑張っても、改善しても、思うような結果が出なくて「いくら頑張っても社会は私を認めてくれない。どうして私の努力は報われないのだろう？」と虚無感に陥ることがあります。

あまりにも物事が遅々として進まないと、まるで「自分は呪われた運命なんじゃないか」と絶望的な気持ちになってきます。ですが安心してください。

あなたが心の奥底でわかっている通り、あなたは美しい星空を見るために暗闇にいるのです。明るい場所では見えないものを見るために、ひっそりとした空気の澄んだ静謐な場所にいるのです。

この暗闇が無ければ、これほどクリアで眩しい星の煌めきは見られません。そこにはあなたにしか手にできない神聖な世界が広がっています。

まずは、今いる場所から空を見上げてください。3つの星が流れています。場所を動かずに顔を真上に上げるだけで、あなたが望んでいるものは手に入ります。あなたにしか見られない最高の景色を楽しんでください。

ラピスラズリの予言

あなたは今、灼熱の太陽が照りつける中、ラクダの背に乗ってオアシスに向かっています。

砂漠の中を進むと突如、大きな岩が現れました。

岩と岩の間の細い道を奥へ奥へと進むと、壁に掘られた家に人々が暮らす、美しい影絵の王国が見えてきました。

あなたがオアシスで水を飲んでいると、花売りの少女がやってきて、壁に掘られた寺院に案内してくれました。

そこであなたは、太陽の神様にお祈りをしました。

すると、祭壇に飾られたラピスラズリが、あなたの眉間に向かって閃光を放ち、鮮烈な映像が浮かび上がってきました。

それは、あなたの三年後の未来です。三年後のあなたは、どこで、誰と、どんなことをしていますか？

37

OPEN SESAME

願いのオーダーをキャンセルしない

ハートのオムレツ

あなたは宇宙に何を注文しましたか？　あなたがオーダーした品物は、もうお手元に届きましたか？

これまで、あなたの人生で願いが叶ったものと、まだ叶っていないものを思い出してください。

あっさり簡単に叶った願い事は何ですか？　一方で、まだ叶っていない願いは何ですか？

「本当にこんな願いが叶うのだろうか？」と疑っている願いは、ありますか？

私たちは、宇宙レストランにオーダーしてから料理が届くまでの間、なかなか大人しく待つことができません。

注文した料理が本当に運ばれてくるのか気が気でなく「自分より後から来た客に料理が出されるんじゃないだろうか？」と周囲を見張ったり「こんなに待たせて、料理が来なかったら許さない！」と心で宇宙を脅してみたり、過剰な期待をしては勝手に失望してみたり、ザワザワとても騒がしいのです。

せっかく宇宙に願い事をオーダーしても、不安やグチを口にしてしまうとオーダーをキャンセルすることになります。

「オムライスが食べたい。オムライスをお願いします」と言えば、それで注文は完了です。

それなのに「オムライスは本当に届くのでしょうか？」と、つい余計なひと言を言ってしまうのです。

すると、予定が変更されて「オムライスが本当に届くのかわからない」というモヤモヤとした状態が、未来にやってくることになります。

宇宙と取引する際は、自分の不安も上手にマネジメントすることが必要です。

どうか注文した願いは絶対に届くと信じて、もう忘れてしまってください。

あなたに、愛情たっぷりのオムレツが届くことをお約束します。

38

OPEN SESAME

自分に愛される自分になる

大和撫子　かんざしにして花を髪に飾る

自分の個性を、どこまで出したらいいかわからない。自分の才能を、どこで発揮したらいいかわからない。

「自分らしく生きたいけれど、一体どうしたらいいのだろう？」と周りの目を気にして、自分を上手く出せずにいる人は世の中にたくさんいます。

世の中のほとんどの人が、社会に受け入れられるために必死です。自分の個性をテンプレートに流し込み、社会で流通している形に改造しています。

ですが、それと同時に、誰もが**自分らしさを発揮できる場所**を心で渇望しています。

自分らしく生きること、それが何よりも大切な**命の輝き**だと知っているからです。

責任を果たす自分、ノルマを達成する自分、条件を満たす自分ではなく、ありのままの自分を愛してほしい。

条件を満たしても満たさなくても、自分を受け入れて愛してほしい。誰もが、心の奥でそう願っています。

もちろん、結果を出しても出さなくても、あなたには愛される価値があります。

「そんなことは信じられない」と思うかもしれません。
「ダメな自分、役立たずの自分では社会が受け入れてくれるはずがない」そう思うかもしれません。

ですが真実は違います。あなたが何も達成しなくても、周りの人は、あなたを愛しているのです。

そうではなくて本当は、あなたがあなたを認めていないだけなのです。

「できる自分は認めるけど、できない自分は認めない」というあなたの姿勢に、周りの人は反射しているだけなのです。

自分をどれだけ愛しているかは**どれだけダメな自分を受け入れているか**でわかります。

もう**結果を出して社会に認めてもらおう**としなくていいのです。**条件を満たして人に愛してもらおう**としなくていいのです。

人から良い人に見られるために、あなたの気持ちを犠牲にしないでください。

結果ばかり追い求めて、あなたの気持ちを無視して、あなたを傷つけないでください。

どうぞ安心して、ありのままのあなたでいてください。

ありのままのあなたを愛していれば、周りの人も安心してあなたを愛することができます。

あなたのハートが花開き、心から笑い合える日をみんな楽しみにしています。

39

OPEN SESAME

素晴らしい
天の道がひらく

蛍が一斉に昇天する夏の夜空

素晴らしい天職があなたを待っています。あなたにしかできない、光り輝くお仕事です。

この世の誰もが自分の好きな仕事をすれば良いのですが、お金や将来の安定への希求が強すぎて、天職を選ばない人がほとんどです。

難関校に受かれば一目置かれ、条件の良い会社に就職できる。有名企業に就職すれば、高収入で生活が安定する。条件の良い人と結婚すれば、裕福に暮らせる。スゴイ資格を取れば箔がつく、仕事の依頼が増える。

貯金をしてお金をたくさん持っておけば、老後、惨めな思いをしなくてすむ。「人生、お金ではない」と口では言いながら、私たちはお金を追い求め、自分よりもお金を優先して暮らしています。

実際、お金が無くなれば、たちまち生活が困窮します。幸せになるための手段だったお金は、いつしか人生の目的にすり替わり、本当の人生の目的は置き去りにされたままになります。お金のためなら病気になってもムリして働く、どんなに困難で辛い環境にいても我慢し続ける、といった

お金優位の暮らしに切り変わります。

「たとえ今どんなドン底にいても、大金さえ入れば一気に逆転できる」誰もが、そう信じています。「結果さえ手に入れば、問題は全て解決する。何としても、この結果を手に入れなければ！」と血眼になる時もあります。

ですが、本当の自分を生きるために必要なのは、結果ではなくプロセスです。プロセスそのものを楽しめるかどうか、が重要なのです。

プロセスこそが人生そのものなのです。プロセスを楽しんでいる人は、自分らしく生きている人です。

やっていると楽しくて夢中になり、つい時間を忘れてしまう。そういったことを仕事にすると良いのです。

何かを作り出す過程より、結果にしか興味がないというのなら、それはそれで良いのです。ですが「結果を得ても、一時的な満足しか得られない。人と比べて優劣をつけては、常に不安な気持ちになってしまう」というような場合は、疲労感が極度に達し、心が麻痺しているのかもしれません。

こんな時は、いったん結果を追うのをやめましょう。常に成果を出し続けなければいけないプレッシャーから、自分を解放してあげましょう。

そして**それをしている最中に幸せな気分になれるのかどうか**に注目してみましょう。

煽って物を買わせる、申し込ませる、そういった社会の仕組まれた欲求に自分が振り回されていると感じたら、ざわめきから離れて静寂に戻り、あなたがやっていて本当に楽しいこと、夢中になれることを探してみましょう。

自分の人生を生きている人は、すべからく結果ではなく過程そのものを楽しんでいる人です。

お金や評価などの結果は、後からついてきます。それが自然な流れです。人は、結果を得るから幸せになるのではありません。その結果に向かっている道中、すでに幸せなのです。

あなたがあなたを楽しんでいれば、結果があなたを追いかけてきます。あなたから結果を追う必要はありません。

40

OPEN SESAME

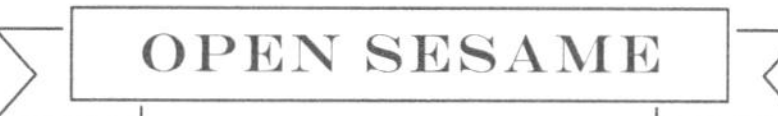

少し寄り道してみませんか

守護天使ミカエルの月曜日

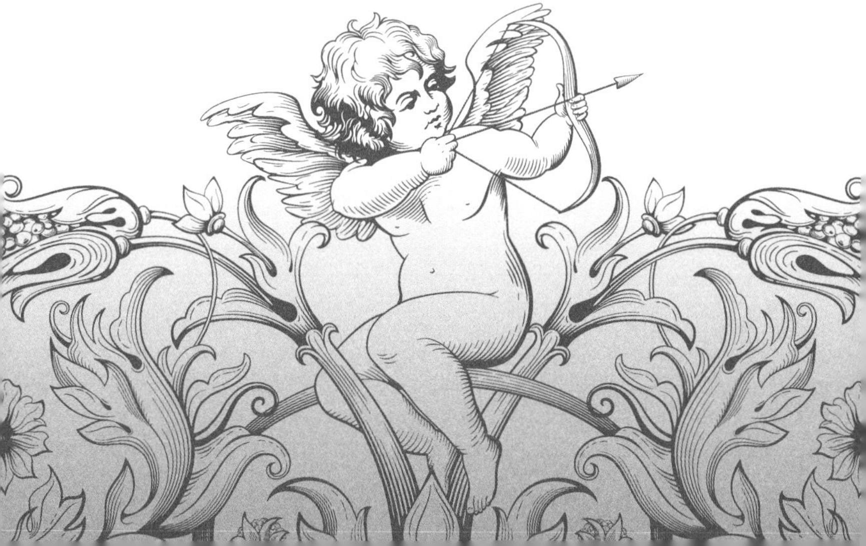

寄り道した先に、あなたの魂がずっと探していたものがあります。素敵な出会いがあります。

私たちは、別に誰かに頼まれた訳でもないのに、高いノルマを自分に課して頑張ることがあります。理想と現実のギャップを埋めるために努力を惜しまず、人生をランクアップしたいという向上心から、自分にプレッシャーをかけて奮闘するのです。

努力するのは良いのですが、理想に邁進するあまり、周りをシャットアウトして大切なご縁や運を逃してしまわないよう、注意が必要です。

人生を楽しむことを忘れて「何としても目標達成しなければ」と、気負って張り詰める必要はありません。何でもノルマを作って義務にしてしまうと、ストレスで疲れてしまいます。

自分を追い込んで頑張って達成する。こういったやり方では、ある時点まで行くと限界を感じ、継続するのが難しくなります。

ガチガチに思考して、物事を計画通りに進めようとすると、偶然起こる想定外のチャンスを逃してしまいます。

もっとゆとりを持って、遊びながら進んでいきましょう。

「人に遅れを取りたくない」という恐れが心のどこかにないでしょうか？　不安を穴埋めするために頑張っていると、その穴はどんどん大きくなっていきます。達成した先にも、さらに上の世界が待っているからです。

結果だけに喜びを見出していると、永遠に終わりのない競争社会で身を削ることになってしまいます。

疲れた時はレースの場外に出てホッとひと息ついて、空でも眺めてください。寄り道したところで、思いがけないチャンスが舞い込んだりするものです。

偶然を使えば、理想以上の場所に行くこともできます。

あなたが寄り道した先に、魂がずっと探していたものがあります。素晴らしい出会いが、あなたを待っています。

41

OPEN SESAME

ユニークネスとワンネス

太陽と月と星の金貨

あなたの人生ステージが急上昇します！　次元上昇に合わせて、ライフスタイルをランクアップしましょう。

今のあなたに、合わなくなった物はありませんか？

静かに心を落ち着けて、ゆっくりと時間をかけて部屋の物を整理整頓しながら、あなたの頭の中をスッキリさせていきましょう。

他の誰かの想念をキャッチして、まるで自分のことのように感じてしまうということがよくあります。

例えば他の人がお腹を空かせていると、自分までお腹が空いてきたり、他の人が買っているのを見ると、自分も買いたくなったりします。

周囲から濁流のように入ってくるノイズを追い出さないと、それが本当に自分に必要なものなのかどうか、わからなくなってしまいます。

雑音を消して静寂の中に戻り、あなたの音を取り戻しましょう。

ノイズが消え、純粋なあなたの音を聞いた時、あなたがどれほど美しく神聖な存在なのかを思い出すでしょう。

次元上昇したあなたは、最高神です。あなたという神様にふさわしい、光り輝く人生の舞台を用意しましょう。

今は、色々と行動したり購入したりするよりも、あなたの神様が目覚めるのを待ちましょう。

せっかく準備した物がムダになってしまわないよう、買う物も減らしましょう。人は、不安になると要らない物を所有しようとする習性があるのです。

「何が何でも結果を手に入れて安心したい」と躍起になると、さらに不安が増大し、しまいには大切なものを見逃してしまいます。

今、あなたのご神体は新しい光を放っています。

エネルギーの調整中は、発熱したり、頭痛がしたり、体にさまざまな異変が起こります。

宇宙の星々と繋がって、さらに微細な情報を受け取るために、体もオーラも変化しているのです。

あなたの次元上昇に対応するために、自然体でゆっくり過ごしてください。

光を呼吸して、太陽と月と星の光を浴びましょう。

あなたは、古い世代の人たちが従っていた理不尽なルールを打破し、新しく自由で画期的な生き方を人々に提案する人です。

あなたのライフスタイルはオリジナリティに溢れ、人々の憧れになります。

ユニークな個性がキラリと光る、ファンタジックで冒険色の強い世界になるでしょう。

あなたの生き方は多くの人の見本となり、地球全体にロマンティックなときめきの波紋を広げていくでしょう。

42

OPEN SESAME

幸せの角度を見つける

カモミールのおしゃべり

あなたの人生には至るところに、綺麗な花が咲いています。ふと視線を上げて見渡すと、綺麗な花が百花繚乱。どこまでも果てしなく、カラフルな花の絨毯が続いています。

色鮮やかな花の魅力に誘われて、思わず目移りしてしまいそうですが、あなたの花は、あなたの目の前にあります。この花は、あなたのために美しく咲き、あなたのために良い香りを漂わせています。

他の花を探して、別の場所へ飛んでいく必要はありません。心を落ち着けて、目の前の花の香りをかいでみましょう。

あなたのハートを優しく包み、明るい笑顔であなたを元気にしてくれる、この花の愛に気づいてください。

今は、この場所に止まって、あなたのために天が用意してくれている幸せを見つけてみませんか。

あなたが探している幸せはここにあります。

幸せは、ある角度から見ると存在しますが、別の角度から見ると消えてしまいます。不幸も、ある角度から見ると存

在しますが、別の角度から見ると消えてしまいます。

例えば、あなたの前に石があります。

この石は、正面から見ると真っ黒ですが、別の角度から見ると虹が出ます。虹色がとても綺麗です。このように同じ石でも、虹が出る角度と黒く見える角度があり、見る角度によって石の見え方は全然違うのです。

幸せもこれと同じで**うっとりする幸せな角度**と**ガッカリする不幸な角度**があるのです。同じ人生でも、見る角度で、全然違う人生になります。

うっとりする角度を見つけて、その角度からうっとりする。
これが、幸せになるコツです。うっとりする時間が長ければ長いほど、幸せな人生になります。

幸せな人は、幸せを見つけるのが上手な人です。反対に、不幸な人は、不幸を見つけるのが上手な人です。

物事は見る方向によって、幸にも不幸にもなります。色んな角度から試して、あなたの幸せの角度を見つけましょう。

43

OPEN SESAME

金と銀と銅の三重奏！

奇跡と神秘が織りなす神話のタペストリー

宇宙からあなたに、星の楽器が届いています。あなたが手を動かすと、エメラルド色の星の音が鳴ります。

足を動かすと、今度はマゼンタ色の星の音が鳴ります。

あなたが手や足を動かすたびに、さまざまな星の音がカラフルに鳴り響き、とても綺麗です。

手足を動かして好きなように踊って、星の楽器を演奏しましょう。Music Start！

星の楽器には、金と銀と銅の音色があり、金は堂々と華やかな自信の音を奏で、銀は洗練された涼しげな知性の音を奏で、銅はしとやかで古風な友愛の音色を奏でます。

あなたは宇宙の星々と合奏し、降誕祝いの音楽を演奏しています。

これからあなたには、さまざまな喜び事やお祝い事が準備されています。誘いを気軽に受けて、パーティーやコンサートに出かけましょう。

星の音楽が流れると、宇宙めがねを装着してきらり！　宇宙から地球で暮らすあなたの姿が見えます。

空から見ると、これまで「なかなか実らない」と思っていた点が集まって、大きな絵になっているのが見えます。

点と点が繋がって線になり、時空間を縦横無尽に行き来しながら、見事な絵を描いているのが見えます。

奇跡の糸で編まれた、あなたの神話のタペストリー。それはそれは素晴らしいスペクタクル！　愛と光の世界です。

あなたの創造主は、はじめから全体像を知っていました。

あなたがエネルギーを注いできた結果が、今実を結ぼうとしています。

あなたの神話は、星の演奏とともにクライマックスを迎えます。

アトランティスの魔法

深呼吸しましょう。

宇宙の源から、あなたの頭頂部に黄金の光が流れ込み、体の柱を通って地球の核に到達します。

今度は、地球のマグマから、あなたの下半身に赤い光が入ってきて、あなたの全身が虹色に光を放っています。

ふと見ると、両手から眩しい光が放たれています。近くにある物を、そっと触ってみましょう。

あなたが触れた物は、全て黄金に変わります。キラキラと金の光が空中に舞う様子を、うっとりと眺めましょう。

あなたと会う人は、みんな明るく元気になります。

あなたと話す人は、みんな自由に美しくなります。

あなたと笑う人は、みんな豊かに幸せになります。

44

OPEN SESAME

あなたの魅力にゾッコンになる人が続出します！

大天使ガブリエルと聖母マリアの庭

「人から必要とされるような人物になりたい」私たちの多くが、こういった思いを抱いています。

ですが「誰かの役に立ちたい」という純粋な思いがいつしか変質し「こんなにしてあげたのに、どうして？」という不満に変わってしまうこともあります。

相手は感謝するどころか「私のために奉仕するのは当たり前」と言わんばかりの邪険な態度を取り、さらに要求をエスカレートさせていきます。

相手を優先して自分を後回しにしていると、報われないと感じることが人生に増えていきます。

どうして、こんな悲しいことが起こるのでしょうか？
それは自分を大切にしていないからです。

自分には価値が無いという思い込みから、相手に尽くしすぎてしまうのです。

相手に自分のことを認めてほしいという無価値感が根底にあると、自己犠牲をして相手にその見返りを求めてしまう

のです。

相手に自分のことを認めさせようとする、親切や奉仕に隠れた強引なエネルギーは、目に見えなくても相手に伝わっています。

相手は、コントロールや支配のエネルギーに反応して不快な気持ちになり、邪険な態度を取るようになるのです。

相手から自分を認めてもらおうとする行為は、相手からエネルギーを奪う行為なので、報われない結果になります。

一方で、自分が相手を認める行為は、相手に与える行為なので、思いがけず大きな結果を得ることになります。

自分からわざわざ相手に与えなくてもいいのです。

自分で自分を認めていたら、そのエネルギーが反射して、自動的に相手を認めることになるからです。

なので、まずは自分を一番に優先することが大切です。自分の庭に種をまき、水やりをして花を咲かせましょう。

あなたの花が咲き、実がなる頃、もう一度相手と関わると、前は見えなかった世界が見えるようになります。

もう、相手を喜ばせて、褒めてもらったり、感謝してもらったりしなくても平気です。

自分の庭に花を育てていて、自分の庭に夢中だからです。

あなたの庭に咲いている美しい花を見て、周りの人は喜んで、あなたを褒めたり感謝したりしてくれているようですが、あなたはもう、世間の称賛すら気にならなくなっています。

あなたは、あなたの花に夢中です。

あなたは、あなたの素晴らしい魅力にゾッコンなのです。

45

OPEN SESAME

地球に生まれてきたミッション

未来から吹いてくる風の伝言

嬉しい！　楽しい！　好き！　嫌い！　悲しい！　あなたの気持ちを見せましょう。

「この人苦手だな。いやいや、嫌いになっちゃいけない。同じ会社だから、我慢しなくちゃ」

頭でそう思っても、ちゃんと嫌っていいのです。嫌いなものを嫌いとしっかり感じれば、嫌いなものをあなたの人生から消すことができます。

「なんて素敵な宝物だろう。わっ高い！　とても買えない。別に他のものでいいや」

そう言わずに、素直に好きなものを好きと言いましょう。そうすれば、あなたの好きなものを人生に出現させることができます。

あなたの好きと嫌いにもっと素直になりましょう。わかりやすい単純な人間でいるほうが、欲しいものは手に入りやすいのです。

「どうでもよい人には好かれるけど、好きな人には振り向い

てもらえない」と言う人がいますが、それは自分の気持ちを素直に出さないから、そうなるのです。

「相手を傷つけないように」「波風立たないように」と自分の気持ちを抑えていると、相手は勘違いをしてムダな時間を使い、エネルギーをロスすることになります。

嫌いなら嫌いと態度で示すことで、相手は早めに方向転換をし、新しい選択肢を探すことができます。自分のためにも、相手のためにも、素早く素直に意思表示をしたほうが良いのです。

「今我慢すれば、後で幸せになれる」そんなことはありません。**我慢の先に待っているのは、さらなる我慢です。**

未来の幸せのために今を犠牲にしていると、未来も犠牲の人生になります。

あなたが本当の自分でいる時、家族や仲間たちと心から幸せな人生を送ることができます。

もちろん社会で集団行動をしている時は、周りに敵がいる

ように感じて緊張し、素の自分をさらけ出すのが難しいシーンもあるかもしれません。

社会人の実務的で冷静な仮面をつけて偽りの自分を演じれば、自分を強く見せられるような気がするかもしれません。

ですが、本当の気持ちをごまかして自分にウソばかりついていると、心から好きな人や好きなものが、どんどん自分から遠ざかってしまいます。

あなたが本音で生きることで、あなたの魂の仲間は地球上であなたを見つけることができるのです。

本当の自分で生きること。それが、あなたが地球に生まれてきたミッションです。

あなたに今、未来から祝福の風が吹いています。

46

OPEN SESAME

あなたは、もうすでに
答えを知っています

ルビーの誓い
あなたの象徴を伝えるエンブレム

今あなたは、本当の自分になるための道のりにいます。

「私は、本当はどうしたいんだろう？」と、あなたのハートに聞いてみてください。

そうすると、「こうするべき」と頭で考えていることと「こうしたい」と心で感じていることのコントラストがハッキリしてきます。

最近、あなたは自分の本当の気持ちに気づいて、「コレは、もうしたくない」とハッキリわかったことがあるのではないでしょうか。

例えば、会社を辞めたくても「こんな条件の良い仕事は、もう他に無いかもしれない」と不安になるかもしれません。

周りの人は「年齢的に再就職は難しい。運良く会社に入れたとしても、給料は今より減ってしまうだろう。考え直したほうがいい」というような、現実的で至極まともなアドバイスをしてくれるかもしれません。

ですが、他人の意見を聞いても結局は意味が無いのです。

他人を答えにして生きている限り、決して幸せにはなれないからです。

本当の自分で生きるために必要なことは、自分で決めることです。

他人にアドバイスを求めるのをやめて、あなたの心に問うてみましょう。

どんなに不安でも、自分で決めるだけでパワーがみなぎり、心が安定します。「結果がどうなろうと、自分でどうにでもできる」という、自分との強い信頼を築くことができます。

他人を答えにしていると、だんだんと自分で決めることができなくなってしまいます。

自分の力ではどうにもできない他人の気持ちや都合に人生が左右されるため、いつも不安で、誰かの顔色を窺ってはうろたえ疑心暗鬼になります。

自分で自分の答えを出せば、人生の全ての問題は解決します。

あなたの人生の答えが、簡単にわかる方法があります。それは、あなたの気持ちです。

その問題に対して感じる気持ち、それがあなたの答えです。**自分の中に答えがある**それはつまり、自分の気持ちが答えということです。

あなたは、もうすでに答えを知っています。

これから、あなたには、ワクワクが止まらない心躍る人生ステージがやってきます。

幸せになる決意をして、楽しみにお待ちください。

47

OPEN SESAME

天真爛漫なお金を人生に招き入れる

金のコインとアメトリンの魔法

艶やかなアメトリンの石が、紫の光のリボンで、あなたと豊かさの天使を繋いでくれました。紫と黄金の濃淡が重なり合う、光の層に入っていきましょう。

そろそろ、あなたのお金について、じっくり考える頃です。普段あなたは、どのようにお金を使っていますか？　どのようにお金が入ってきますか？

節約をしたり、貯金をしたりしていますか？　借金をしたり、人にお金を貸したりするようなことはありますか？

あなたは、お金を通して、どんな風に人と関わっていますか？

お金持ちを見た時、貧乏な人を見た時、どんな気持ちが湧いてきますか？　その気持ちがあなたのお金の設定です。

昔、教会や寺院で働く聖職者の多くが、清貧の誓いを立てていました。物欲を捨て、奉仕に努め、清く貧しい暮らしを送っていました。

たとえ、自分が空腹でも隣人にパンを与えるのが当たり前

で「聖職者がお金をもらって、個人的な物欲を満たすなどとんでもない」といった風潮でした。

「自己犠牲をして他人に奉仕すれば、立派な人間になれる。神様に愛される」と本気で信じていたのです。

しかし人間の欲求は、人生を豊かにするために必要不可欠なガソリンです。

健全な欲を持ち、それを満たすのは、人生創造における大切なプロセスです。

もしも、あなたの収入や報酬に不満を感じることがあれば、前世で何か誓いをしているのかもしれません。

誓いは、聞き慣れたキャッチコピーやスローガンの場合もあります。

「贅沢は敵」「欲しがりません勝つまでは」「働かざる者食うべからず」「泡銭身につかず」

これらの誓いは普段あなたが認識していないだけで、無意

識下で、あなたがラクをしてお金をもらうことや、お金を使って楽しむことを禁止し、お金が入ってこないよう強力にブロックしているのです。

清貧の誓いだけではありません。他にも、非婚の誓い、禁欲の誓い、貞操の誓いなど、さまざまな誓いがあります。

「私は、前世でした全ての清貧の誓いを永遠に破棄します」「私はもう苦しい修行はしません」このように言いましょう。

口に出して言うだけで、契約を破棄することができます。

これで、これまで、あなたから立ち入り禁止にされていたお金たちが、安心してあなたの中に流入できるようになります。

前世で何度も誓いを立てている人は、繰り返し契約破棄が必要になるでしょう。

お金の巡りが良くなるまで、何度も宣誓しましょう。

幸運の女神に捧げる金のコイン

テーブルの上で金のコインがくるくる回っています。

コインを眺めていると、回転する速度がじょじょにスピードを増していきます。
コインがキラリと煌めいた瞬間、目の前に、あなたの前世の光景が浮かび上がってきました。

誰かとお金の話しをしている様子です。誰とどんなことを話していますか？

前世のあなたは、どんなことでお金を得ていますか？　どんなことにお金を使っていますか？

48

OPEN SESAME

のびのび〜っと
のびをしましょう！

海を歩くガジュマルと風の精

のびのび〜っと手足を伸ばして、地球いっぱいに広げましょう。

地球を抱きしめられるくらい、大きく手足を伸ばしましょう。体を縮こまらせていると、どんどんあなたの可能性が小さくなっていきます。

外から中にエネルギーを入れてばかりいると、どんどん、あなたの光が小さくなってしまいます。

あなたの体が縮まると、入ってくるチャンスや報酬、評価なども小さくなってしまいます。

節約しすぎると、生活がどんどん小さく縮まっていきます。

あなたの内側から外に向かって、パァ〜っと光を出していきましょう。手のひらも指先も思いっきり広げてアンテナにして、星と通信しましょう。

あなたの体は、太陽や月、星のエナジーの送受信機です。いつも柔らかく、のびのびとアンテナを伸ばしておきましょう。

そしてインスピレーションを受信したら、素早く行動に移しましょう！

あなたが誕生した瞬間から、あなたは人生を創造し続けています。人生は、あなたとあなたの神様の共同創造物です。

あなたは片時も休むことなく、人生という名の動画を作り続けています。

神様は目に見えない部分を、あなたは目に見える部分を担当しています。

ただ神頼みだけしていても、思うような成果は得られません。「あっ来た！　コレだ！」とピンと来たら、目的のものにサッと手を伸ばしましょう。

私たち人間は、今できることを、できる範囲ですれば良いだけです。

「どうしたら良いかわからない」「自分では手に負えない」と感じる部分は天の仕事で、人間のパートではありません。

「どれがインスピレーションなのかわからない」という場合は、まずはゆっくり深呼吸しましょう。

あなたの脳はインターネットで、呼吸はWi-Fiです。Wi-Fiに速度制限がかかれば、動画が停止して人生ドラマがスムーズに見られなくなります。

それと同じで、まずは、あなたの呼吸を整えて充電しましょう。

あなたのペースで呼吸をすれば、また人生動画がスムーズに見られるようになります。

その後のことは、何も心配はいりません。あなたが検索さえすれば、いくらでも見たい映像が出てきます。

あなたは、どんな人生動画を見たいですか？

49

OPEN SESAME

もう一度、愛を信じる

豪奢なベッドに散りばめられた百合の花

あなたが、心の底から切望しているにもかかわらず、愛し愛されることから逃げているのはなぜですか？

愛を信じること、それが今のあなたに一番必要なことです。

人間の体の中に入っていると、辛く悲しい思いをすることがたくさんあります。あなたは過去に裏切られたり、利用されたり、辛い思いをしたことがあり、心が傷ついています。

貝の蓋のように心を閉ざしてからは、本当の自分を見せることが難しくなっているのかもしれません。

「これくらい何ともない。自分は強い人間だから、ちょっとやそっとのことでは傷つかない」

クールな仮面をつけて、強い自分を演じることで心を武装しているのかもしれません。

ですが、あなたが自分にウソをつくことで、さらに新たな苦しみや悲しみを生み出していることに気づいてほしいのです。

辛い思いをしたら、誰でも「もう二度と傷つきたくない」と恐怖を感じます。警戒し、疑ってかかるのは当然のことです。

傷が癒えるまでは、心を閉ざす時間が必要です。

「大変だったね。辛かったね。もう大丈夫だよ」そっと優しく声をかけてあげましょう。

傷が癒えれば、再び人を愛することができるようになります。そして、弱いあなたも見せていきましょう。

勇気を出して本当のあなたを見せて初めて、本物の愛が手に入ります。

眩しい愛の光の中に、飛び込んでいくあなたの姿が見えます。あなたは永遠の愛の楽園で、幸せに暮らしています。

月読命

月明かりに照らされた月下香の香りが、優しくあなたの夜を包んでいます。

2匹の白い蝶が彫られた、丸い手鏡を覗き込んでください。

そこには、女性の顔が映っています。さらに鏡を見ていると、今度は男性の顔も見えてきました。

男性と女性は何を話していますか？　二人の関係を見てみましょう。

二人はあなたのご先祖様です。話しかけてみましょう。

50

OPEN SESAME

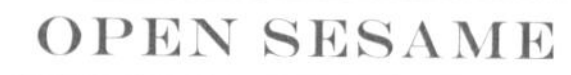

天の計画通りに
進んでいます

ノアの方舟　未来に明かりを灯すバラクの光

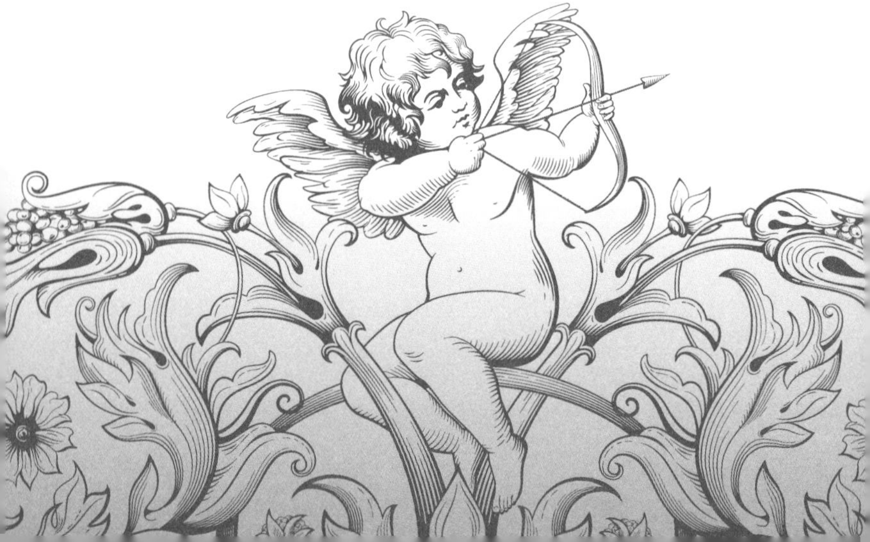

人生で物事が停滞し思うように成果が出なくなった時、それは人生が大きく変わる前兆です。

私たちは、物事が計画通りにいかないと不安になります。人と比べて進みが遅いと焦り、なかなか思うような結果が出ないと、世間から取り残されたような気分になり落ち込みます。

「どうしよう。どうしたら良いのだろう」と不安になるかもしれません。ですが、安心してください。

宇宙には、あなたのために考えられたスペシャルな計画があるのです。ちゃんと理由があって、ストップや回り道をしているのです。

せっかちに動いて、どうでもよい結果を出したところで、魂は何の成長もしません。

それよりも、機能しなくなった古い習慣や人づき合いを手放しましょう。その習慣を持ったまま、新しい世界で生きていくことはできません。どうか、変化を恐れず過去を手放してください。

誰かとお別れをしたり、今持っているものを失ったりすると喪失感で一杯になり「自分が無くなってしまうんじゃないか」と恐怖を感じるかもしれません。ですが安心してください。

人間の目には一見ネガティブな出来事に見えても、全知全能の宇宙には、それがあなたの望む世界に向かうための必然のステップということが、わかっているのです。

自分の人生を生きている人は、頭で立てたスケジュールではなく、ワクワクや情熱の羅針盤を使って進んでいます。

現実的な視点で生きている人たちから見たら、不安定に見える場所でも、あなたはしっかりと着実に成果を挙げていくことができます。

もう想定外の出来事に、翻弄されるだけのあなたではありません。訪れる変化の波を楽しめるようになっています。

人は、一度でも自分らしく生きることの素晴らしさを知ってしまうと、もう元の世界には戻れなくなります。仕方なくしていた我慢や苦労は、もうできなくなります。

あなたの器が広がり、大きな幸運を受け取る準備ができたのです。

あなたを待つピンチという名の幸運の中に飛び込んでください。

少し先の未来ではあなたが期待しているよりも、はるかに素晴らしい場所で、あなたは活躍しています。

六芒星の明かり

あなたの頭上に、宇宙から六芒星の知恵のランプが降りてきました。

星型は、くるくる回転したかと思うとピタリと止まり、あなたの眉間から未来を照らすバラクの光が放たれました。

「おめでとうございます！　これからあなたの本当の人生が始まります！　ここからが本番です」というテロップが、あなたのオーラ中に流れ、みんなに知らせています。

51

OPEN SESAME

光の道に乗る

ルキアの天地創造

小さくて大きな一歩を踏み出しましょう。今は先のことは考えず、とにかく動いてみましょう。

「本当に、これをやっても大丈夫かな？　ちゃんと結果は出るのかな？」と安全ばかり追っていると、何もできなくなってしまいます。

地球では、何でも先に知ることはできないようになっています。

未知の領域、それこそが地球の旅の醍醐味です。あなたの直感を頼りに一歩ずつ進んでいきましょう。

目的地までは大変な道のりに見えても、実際に一歩踏み出してみると、手応えを感じるはずです。一日、たった一つの小さなステップを踏むだけで良いのです。

「これなら簡単で続けられそう」というくらいのスモールステップに分割するのがコツです。

どんなに大きな目標でも、小さなステップに分けて取り組むとスムーズに進み、意外と達成できてしまうものです。

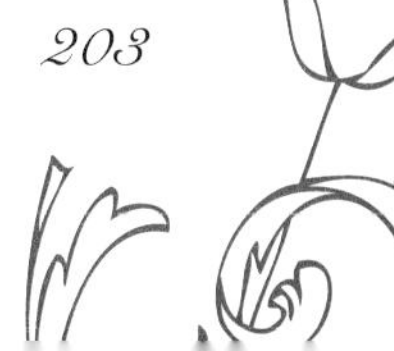

地球は、他のどの星よりも進展がスローです。

進化した魂のあなたにとって、待つことはストレスに感じるかもしれません。ですが地球にいる間は、地球のペースに合わせて気長に進みましょう。

実現をあまりにも早く期待すると、結果が出る前に諦めてしまう原因になります。結果を急かさずに一歩一歩、道中の景色を楽しみながら進んでいきましょう。

地球では繰り返しが一番強い力を持っています。繰り返しの力を味方につけて、着実に進んでいきましょう。

これからあなたは、この地球上にある現実の道と、星と星の間を通る道、この両輪で進んでいきます。

天と地の共同で、あなたの道が創られていきます。

素晴らしいゴールへと続く光の道が、あなたに用意されています。

52

OPEN SESAME

あなたは永遠に守られています

時の降る町で再び琥珀の抱擁を

今あなたは、昔愛して憎んでいた人に、抱きしめられています。

私たちは、何かトラブルが起こると「攻撃された！」とショックを受け、相手を敵視します。そして敵から自分の身を守るため、盾を構え、槍を持ち、次の攻撃に備えます。

こうして心に分厚い鎧をつけると、自分も相手も真実の姿が見えなくなります。

本当に相手は、あなたを傷つけるつもりだったのでしょうか？　そこには、どんな歴史があったのでしょうか？

善悪を超越して見た時、全てのトラブルは、過去の傷を癒やすために起こっています。もしかしたら前世のあなたや、あなたのご先祖様が、誰かを傷つけてしまったという体験があるのかもしれません。

その映像が今も残っている場合は、再び同じ映像が繰り返されることになります。

あなたやあなたのご先祖様が、たとえ故意でなかったにし

ても、なぜ人を傷つけることになってしまったのか、あなたの神様に聞いてみましょう。そして、過去の傷をヒーリングしましょう。先祖代々続く負の連鎖パターンから、あなたとご先祖様を解放しましょう。

「過去に私が傷つけてしまった人が癒やされ、心の傷が治りますように。ごめんなさい。許してください。幸せになりますように。愛しています」

「過去に、私がかけてしまった呪いを全て解除します。ごめんなさい。許してください。自由に幸せになりますように。愛しています」

何気なく人に言った言葉でも、その言葉に囚われた相手の人生が狂ってしまうということが多々あります。

もう覚えていなくても、自分が人にかけてしまった負の言葉を光で消去しましょう。

あなたと相手の傷が癒えてなくなる時、トラブルも一緒に消えてなくなるでしょう。

53

OPEN SESAME

あなたは夜空に煌めく
一番星！

9月のアンサンブル
口の中で弾けて踊る葡萄の蕾

「他の人にどう思われるか？」なんて気にせず、あなたの個性を輝かせましょう！

あなたはあなたです。誰かれみんなに好かれる必要はありません。どんなに親切にしても100歩譲って歩み寄っても、あなたのことを気に入らないという人は、この世に必ずいます。

しかしそれと同時に、あなたのことをとても愛してくれる人もいます。

全ての人に好かれたり、認められたりする必要は無いのです。相性の良し悪しがあるからです。

あなたのことが好きで、興味を持ってくれる人たちとだけつき合いましょう。

自分とは合わない人に、あなたのことを知ってもらおうとすると、人生の貴重な時間をムダにすることになります。

彼らは、あなたのしていることに興味が無く、あなたも彼らのしていることに興味が無いのです。

自然界の美しい配色を見てください。

桜のピンクと菜の花の黄色、夕焼けのオレンジと紫の空、エメラルドグリーンの海と白い砂浜。

自然界は、相性の良いもの同士が一緒にいます。

人間だけが「誰とでも仲良くしなければならない」「苦手な人ともつき合っていかなければならない」と思い込み、強引に不自然なことをしています。

あなたはムリに苦手な人と仲良くする必要はありません。

好きな人と仲良くして、嫌いな人は嫌ってもいいのです。

あなたが好きなもの、好きな人を選んで、人生を心地の良い配色で彩りましょう。

54

OPEN SESAME

とうとう、あなたの魂の故郷が見えてきました

パライバトルマリンの魔法の絨毯

喉がカラカラに乾いて、水を飲んでも飲んでも乾きが癒えない時があります。

いつまでも癒えない心の渇きに、オアシスを求めて彷徨い歩いていると、ふとした瞬間ゆらりと遠い記憶が立ち昇り、胸が締めつけられる懐かしさを感じることがあります。

「どこかに、私の本当の居場所があるはず」ずっと探しているけれど、いまだ辿り着いていない魂の故郷。

ですが、やがてあなたは気づくでしょう。あなたはもう、魂の故郷にいることに。

まるで、濁っていた水がじょじょに透明になり、ゆらゆらと揺れる湖の底が姿を現すように、これからハッキリと全貌が見えてきます。賑やかな喧騒から抜け出して一人になった時、あなたを呼ぶ微かな声に気づくでしょう。

空耳でしょうか？　いいえ、あなたは、ずっと前から呼ばれていたのです。

「まさか、ずっといたの？　気づかなかった！」

周囲のざわめきが静まり、静けさの中、やっとあなたは見つけることができたのです。何もないように見える当たり前の日常の中に、あなたが探しているものはあります。

それはあなたがずっと探していたオアシスです。ここではないどこか遠くに、わざわざ探しにいく必要はありません。

あなたはついに、オアシスに辿り着いたのです。

砂漠のオアシス

ついにオアシスが見えてきました！　カンカン日照りの中を長時間歩いて、あなたの喉はカラカラです。やっと水飲み場に着くと、そこには立て札があります。立て札には何と書かれていますか？

立て札の告知内容→あなたが困った時「世間があなたにどのような対応をしてくるか？」が書いてあります。

あなたのセルフイメージと、社会への先入観を見てみましょう。

55

OPEN SESAME

オーラをきらきら輝かせる

海に住む妖精たちの宝物アクアマリン

あなたに素晴らしいパートナーや仲間が現れます。これからビジネスでもプライベートでも、信頼できる人に恵まれるでしょう。

「世界を明るく良くしたい！　もっと楽しみたい！」と、人生を謳歌している人たちと一緒にプロジェクトに取り組み、楽しく充実した日々になるでしょう。

成功している人たちの多くは、素晴らしい人間関係をベースにして活動しています。素晴らしい人たちとご縁が結ばれるよう、神様にお願いしましょう。

あなたの家族や友人、仕事仲間、周りにいる人たちの顔を思い浮かべて、その人たちのオーラを感じてみましょう。

ゆっくりと深呼吸をして、目を瞑って相手の色を感じてみましょう。その人は何色に感じられますか？

次に、あなたのオーラを見てみましょう。その人たちと一緒にいると、あなたのオーラはどうなりますか？

色や大きさ、形が変わったのではないでしょうか。

あなたのオーラが、パァーっと明るく大きくなる人と一緒にいるようにしましょう。

もしも**誰かに良くない影響を受けている**と感じた時は、つき合い方を変えたり、相手との関わりを減らしたりするなど、工夫しましょう。

今度は、あなたの家のオーラを見てみましょう。

あなたの部屋は、あなたの理想や夢を映し出す空間になっていますか？

ゆっくりと深呼吸をして、あなたの部屋のオーラを感じましょう。そして一つ一つ手に取って、物がどんな波動を放っているか感じてみましょう。

あなたに、喜びやパワーを与えてくれる物だけを選んで、他の物は手放しましょう。

あなたのオーラを輝かせて、夢の世界にチャンネルを繋げましょう。

56

OPEN SESAME

形のない思いを形にする

ガネーシャの夢実現アプリ

魂が震えるという言葉があります。私たちは感動すると魂が震えます。

そして震えると、要らないものがパラパラと落ちます。

あなたの体を震わせて、緊張やストレス、ガチガチに固まった思考をふり落としましょう。古いエネルギーをフーっと吐いて、新鮮な空気をたっぷり吸って、全身の空気を入れ替えましょう。

時に私たちは考えすぎて、人生がカチコチに固まって動けなくなることがよくあります。物事を上手くいかせようとアレコレと分析しすぎて、行き詰まってしまうのです。

まずは少しだけ動いて様子を見ながらまた少し動く、という風にしてみましょう。

少しずつ大胆にが、人生が上手くいくコツです。

深呼吸をすると、人生に新鮮なエネルギーが入ってきて、こり固まっていた深刻な部分がほぐれて可動域が広がります。

両手をバンザイして、満面の笑顔で「どうせ、私なんて……」という言葉は、なかなか出てきません。

人生は言葉で決まり、そして姿勢で決まるのです。

頭で考えていると、目で見えている部分だけで判断して「もうダメだ！」と決めつけてしまいたくなるのですが、どうか慌てないでください。

表面上は、物事が動いていないように見えても、まだ終わっていません。

そこには、小さな生命が静かに脈打っているのです。

何でもすぐに決めつけて終止符を打ってしまうと、失敗が確定されてしまいます。

放っておけば成長の過程になり、失敗にはなりません。

色々な可能性を寝かせておいて必要な時に取り出し、再び使うこともできます。

何でもあなたの決定次第で、成功にも失敗にもできるのです。

あなたが「もうダメだ、もう終わりだ」とそう言えばそうなるし「これからどんどん良くなる、まだまだいける、ここからが勝負だ！」そう言えば、そうなります。

眠っている間、あなたの枕元にガネーシャが来ているのを知っていますか？

ガネーシャは、あなたの夢を描く空色のえんぴつを置いてくれています。

そのえんぴつで、空中に欲しいものを描いてください。ガネーシャが、その映像を編集アプリにかけて現実化してくれます。

チロリンと音が鳴ったら、あっという間に夢実現です。お茶目なガネーシャにお礼を伝えましょう！

57

OPEN SESAME

間違いをしないという間違い

対立した物の結晶

あなたが欲しい物は何ですか？　どれくらい欲しいですか？
あなたが欲しい物は、何でも手に入ります。

世の中には、驚くほど過酷な環境で暮らしている人や、理不尽な条件に甘んじて働いている人々がいます。「こんな仕事しかないから、仕方がない。家族のために仕方がない」大変な思いをしている理由には、自分は被害者という意味が含まれています。

ですが本当は「自分は正しい、自分は悪くない」という思いが強いために、どんどん自分を窮屈な場所に追い込んでいった、というのが真実なのです。

「自分は、ちゃんと言われた通りに正しい行いをして、真面目にきちんと義務を果たした。ルール違反や悪いことは何もしていない」

こうして常に正しい側の人間でいようとして、間違いを犯さないという間違いを犯し、苦痛な場所に身を置くようになったのです。

例えば、過剰な自己反省をする人がいます。相手から一方

的に攻撃され、ヒドイ目に遭わされているにもかかわらず、なぜか怒ろうとしません。攻撃に対して怒ったり仕返ししたりするのは幼稚な人間のすることで、自分はそんな低レベルの人間ではない、と思っているからです。

「相手に攻撃をさせてしまった自分が悪い。攻撃に対して、こんな気持ちになる自分が悪い」と、延々と終わりのない一人反省会をしています。

一方で、他人を貶めて自分の立場を引き上げたり、人に迷惑をかけるのが当たり前、人から奪うのが日常茶飯事という人もいます。「自分は一切悪くない。あの人のせい。国のせい。学校のせい。環境のせい」全て自分ではなく、人のせいにして生きています。

このように世の中の人の数だけ正義が存在し、世の中の人の数だけ悪が存在しています。どちらが良いとも悪いとも言えません。

何でも、正しいかどうかで判断せずに、その都度バランスを取る必要があります。

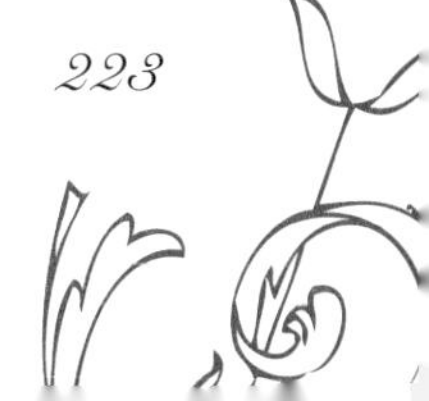

この世の全ての幸せは、バランスの中に見出すものなのです。

あなたも、いつも良い人でいる必要はありません。時には悪い人になっても良いのです。善と悪のバランスを取って、あなたにとって最も心地の良いポイントを見つけましょう。

もしも、あなたの正義が、楽しみながら遊んで働くことや、惜しみなく欲しい物にお金を使うことを禁じているのなら、あなたの正義を、もう一度見直してみると良いかもしれません。

親が期待している正しい人間になろうとして、あなたが本当にしたいことがわからなくなっているのなら、一度、間違ったことをしてみるのも良いかもしれません。

正しいからと言って、嫌いな物をムリやり好きになろうとする必要はありません。

不快だと感じたら、怒っても良いのです。正しさではなく、あなたの好き、楽しい、嬉しいと言う気持ちを大切にしましょう。

58

OPEN SESAME

からだに天意を通す

とろけるハニームーン
夏至から最初の満月の蜜

まあるいお月様を呼吸して、天意をあなたの体に通しましょう。満月の蜜を吸って、とろけるような甘い時間を過ごしましょう。

あなたを通して、宇宙が表現しようとしている世界があります。あなたと宇宙が一体となって創り上げる世界は、言葉にならないほど美しい光景です。

天地創造は、見事なまでに完璧です。安心して、あなたの願望実現を宇宙に任せてください。

私たち人間は視野が狭く、すぐに物事を良い悪いと決めつけようとします。不安や疑いが強いため、何でも自分の思い通りにしたくなるのです。

物事が計画通りに進まないとイライラし、焦って強引に物事を成し遂げようとします。そのエネルギーは、宇宙に不快な波紋を広げ、物事を停滞させます。

人間の計画通りに進めようと、いちいち細かく指示を出していると、宇宙の大いなる流れがストップしてしまいます。

あれこれ取り越し苦労をしたところで、何の実りもありません。それどころか、宇宙全体の計画の邪魔になるだけです。自分の力だけでやろうとしたり、やり方に執着したりすると、天のサポートを受けることができなくなってしまいます。

全体の流れは天に任せて、今、目の前のことだけに全力で取り組みましょう。

全体は宇宙が、部分は人間が担当するのが、自然界の決まりなのです。天に任せることは、自然界のリズムやみんなの都合を尊重することになります。

不安になった時は「どうか私を導いてください。不安な気持ちを癒やしてください」とお祈りしましょう。

他人のネガティブな感情を拾って不安になり、天の計画をストップしている人は、とても多いのです。どんな時でも、宇宙に意識を合わせて深呼吸をすれば、心がしっかり安定します。

日々、あなたがどこに繋がっているかを意識するのは、と

ても大切なことです。

天と一緒にあなたの人生を創造していってください。
天は、あなたに素晴らしい未来を用意しています。

アファメーション

- 私は他人の期待を手放します。
- 私は他人の支配を手放します。
- 私は他人の執着を手放します。
- 私は他人の怒りを手放します。
- 私は他人の孤独を手放します。

- 私は他人の落ち込みを手放します。
- 私は他人の悲しみを手放します。
- 私は他人の罪悪感を手放します。
- 私は他人の妬みを手放します。

- 私は他人の嫉妬を手放します。
- 私は他人のプレッシャーを手放します。
- 私は他人のストレスを手放します。

59

OPEN SESAME

憧れの世界で最高の人生を謳歌しています！

レインボードラゴン　決断と七変化

あなたは、憧れの場所で最高の人生を謳歌しています。
あなたは、あなたの大好きなことで社会に貢献しています。

社会があなたに期待している役割は、何だと思いますか？　その役割を果たすのは、プレッシャーですか？　それとも楽しみですか？

私たちは、一つの考えに囚われると、だんだんと息が苦しくなってきます。まるで、狭くて暗い牢獄に入っているような気分です。

「どうしたら、ここから抜け出せるのだろう？　私は、一生この檻の中に、居続けるのだろうか？」と考え、人生が行き詰まってしまいます。

ですが安心してください。あなたは必ずその檻から飛び出します。あなたの持っている力を存分に発揮して、最高の人生を謳歌するようになります。

そのために、とても重要なことがあります。それは、周りの期待に応えないということです。

社会生活を送る私たちにとって、周りの期待に応えないということは、孤立無援になるということを意味しています。

それはつまり、生きていけなくなることと同義です。

なので、少し怖いと感じるかもしれませんが、そろそろ覚悟を決める時です。

相手の期待に応えるのをやめて自分の期待に応えると決めましょう。

私たちが、自分の力を発揮できない原因のほとんどは、自分以外の人にエネルギーを使い果たしているせいです。目指す場所に自分の力を使えば、誰もが最高の結果を出すことができます。

ですが、いつも私たちのエネルギーは充電不足です。これは、一体なぜなのでしょうか？　それは、自分の問題と他人の問題がごちゃ混ぜになっているからなのです。

「これは、本当に私の問題なのだろうか？　それとも他の人の問題だろうか？」と自分に問うてみてください。

そして、感情がザワザワしたり、イライラしたり、悲しくなったり、ネガティブな感情が湧いた時は「これは、私の感情なのだろうか？　それとも他の人の感情だろうか？」と自分に問うてみてください。

そう口に出して言うだけで、自分のものと相手のものが区別され、気分がスッキリします。

あなたは、あなたの問題にだけ取り組む必要があります。

「人を救いたい。誰かの役に立ちたい」と思っていると、不幸な人を見つけ出すようになります。

誰かの役に立っている自分でなければ価値が無いと思っているから、他人の問題に取り組むのです。

あなたには、存在しているだけで素晴らしい価値があります。あなたは、もっと自信を持つべきです。

何でもあなたのすることを褒めるようにしてください。あなたを閉じ込めている檻は、自己卑下や自己否定の言葉で

す。誰でも、自己肯定の言葉を使うだけで、すぐに檻の外に出られるようになります。

人の批判や否定は徹底的に排除して、あなたの外に追い出しましょう。

人と比べて、あなたの価値を測る必要もありません。

あなたが、あなたを認める言葉をかけるだけで、あなたの周りから問題が消えてなくなります。

自己否定の言葉と姿勢で、問題という角度から、人生の映像を撮っていただけなのです。愛と感謝の角度から撮ると、人生は明るく喜びに満ちた映像に変わります。

これからあなたは、憧れの場所で最高の人生を謳歌します。

未来の夢を叶えたあなたが使っている言葉を、先取りして話すようにしましょう。

60

OPEN SESAME

心地良い範囲内でだけ行動する

希望を秘めたファンタジー
空飛ぶ魔法の絨毯

あなたの人生に、新しい世界が入ってきます。

それは、優しくて甘い空気で、呼吸をしているだけで幸せな気持ちになるファンタジックな空間です。

あなたの口は、今どんな味がしていますか？　私たちは、不幸を感じると口の中が苦く感じ、幸せを感じると口の中が甘く感じます。

人間は、つい結果ばかりを気にしてしまう生き物です。

自分を変えようとせずに、ただ良い結果だけを渇望したりします。そんな時は、ちょっぴり怠惰で傲慢になっている時です。ですが、仕方がありません。

そうなる理由が、ちゃんとあるのです。

もともと親切な私たちが、怠け心に支配され、傲慢になってしまうのは、なぜでしょう？

それは、心が傷ついているからです。

「自分なんて、どうせ頑張っても報われない。どうせやってもムダ」そう勘違いして、自暴自棄になってしまったのです。

自尊心が傷つき、自分は無力だと勘違いして、自分の力を侮るようになったのです。

私たちは、強い無価値感と無力感を感じると、自分を放棄して誰かスゴイ人にすがるようになります。

「無力な自分ではとてもできない。あの人に何とかしてもらおう」と特定の人に執着するようになります。

こうして他人軸になると、自分ではどうにもできない他人の気持ちや都合に人生を左右されることになり、不安な毎日を送ることになります。

その不安によって、さらに他人軸に拍車がかかり、人生が手に負えないことだらけになっていきます。

でも、みんな本当は自分を尊敬したいのです。大切にしたいのです。

「自分には才能がある。できる！」と思いたいのです。

ただ、地球の歴史は過酷です。戦争や身分制度などを通して、あまりにもショッキングな出来事があったため、心が折れてしまって、今世になっても、なかなか立ち直ることができないでいるのです。

それくらい大変な思いをしたのです。あなたはこれまで本当によく頑張ってきました！

元の光り輝くあなたに戻るためには、心の傷を癒やして、少しずつ自信を回復していく必要があります。

あなたの気持ちに丁寧に寄り添って、
「よく頑張ったね。スゴイ！　よくできたね。天才！　今日も可愛いね。最高！」

こんな風に毎日コツコツと、嬉しい気持ちになる言葉をかけてあげましょう。

人は褒められると幸せホルモンが流れ、幸せな甘い気持ちになります。自分で自分を褒めても、同じ効果があります。

幸せホルモンが出るとリラックスして、南国の楽園にいるようなお気楽モードになります。

身体レベルで幸運体質になり、根拠の無い自信が出ます。この状態になると人は最強無敵です。

子供のように無邪気になり、失敗が気にならなくなり、気軽に物事にチャレンジできるようになります。

どうぞ、あなたを甘く幸せな感覚で満たしてください。意味や理由もなく幸せでいましょう。

今あなたは、自由の青空に羽ばたく準備ができています。

61

OPEN SESAME

自分に許可を出す

ゴールデンベリル輝ける佳き日に

あなたの周りを、たくさんの奇跡と幸運が取り囲んでいます。

あなたが許可さえしてくれれば、一気にそれらの幸運があなたの人生に雪崩れ込むでしょう。

もちろん、あなたが心配しているのは知っています。

もしもそれらの幸運が入ってきたら、断らないといけないことや、気を使う煩わしいことが人生に増えてしまう。

優しくて繊細なあなたは、幸せと一緒に入ってくる厄介な用事を追い払うことができなくて「困ったことになるんじゃないか」と心配しているのです。

あなたが他人ではなく、あなたの都合を優先するようになれば、安心してこれらの幸運を受け取ることができるようになります。

まずは、あなたにとって興味の無い人の影響下で生きなくていいことを、自分に許可しましょう。

あなたの嫌いなことや苦手なことは「3、2、1」と3カウントして、素早く断りましょう。

大丈夫、練習すれば、すぐにできるようになります。

自分の苦手分野や大変に感じることは誰か他の人にお願いする、と自分に許可しましょう。

誰かの期待に応えなくてもよい、したくなければ返事もしなくてもよい、と自分に許可しましょう。

そして人生でしたいのに、まだしていないことに今すぐ取りかかりましょう。どんなことでも良いのです。

花を飾る、絵を描く、素敵な服を着る、行きたかった所に行ってみるなど、一つずつ丁寧に、あなたの人生に取り組んでいきましょう。自分に許可が下りておらず、したいのにしていないことをあなたにプレゼントしましょう。

「自分を大切にすること」それが「本当の意味での与える」ということになります。

自分を許して愛して、初めて周りの人に与えられる存在になれるのです。

もちろん自分を甘やかすことと、自分を大切にすることを混同しないよう、注意が必要です。

「失敗して恥をかきたくない。面倒くさいからやめた！」と堕落してダメ人間になるのを、自分に許可する訳ではないのです。

挑戦する恐怖から逃げるためにする許可と、自分の理想に向かうためにする許可は、全くの別物です。

あなたが、あなたのしたいことをするようになれば、自然と周りにある幸運と奇跡を受け取れるようになります。

あなたの周りには可愛い妖精がたくさんいて、花びらを撒きながら踊って応援してくれています。

あなたが許可さえしてくれれば、思いがけないほど潤沢な豊かさが、あなたにもたらされるでしょう。

62

OPEN SESAME

一歩ずつ、一歩ずつ

鯨の飛行船と瓶に入って海を渡る
四葉のクローバー

願い事には2種類あります。

それは、安心している時に願う願いと、不安な時に願う願いです。

この条件を満たせば幸せになれるというお決まりのキャッチコピーに誘われて不安に駆られると、必要の無い物を買ったり申し込んだりします。

社会が決めた幸せの形に囚われてしまうと、本当の自分の幸せを見失います。

社会が決めた幸せの枠に、何とか自分を当てはめようと苦戦しているうちに、自分がもともと持っている能力や魅力に気づくことができなくなってしまうのです。

社会が求めてくる条件を満たして、何とか自分を認めてもらおうと必死になっているうちに、自分の才能を発揮するチャンスを見過ごしてしまいます。

世の中には、他の人にとっては価値があっても、あなたにとっては無価値なものがたくさんあります。

逆も然りです。

あなたは、する価値のある苦労とする価値の無い苦労を明確にする必要があります。

例えば、その願いが叶う代わりに、何か自分の大切なものを犠牲にしようとしませんでしたか？

この条件さえクリアできれば、結果を出せるというHOW TOは、誰もが知っていて、狭い道に多くの人が行列を作っています。そこでは「何とか狭き門を通過したい！」と熾烈な競争が繰り広げられ、レースに参戦したが最後、大変な苦労を強いられます。

ですが今のあなたは、もうそんな小競り合いのステージは卒業しているはずです。

他の人が何をしているか、もう気にしないでください。今のあなたに、もっとふさわしいやり方を探しましょう。

あなたが今していることを、お金に換えて仕事にすることができます。探せば、世の中には、いくらでも方法があります。

極端に感じるかもしれませんが、あなたの失敗をお金に換えても良いのです。仕事をしないこと、それ自体をお金に換えることだってできるのです。

今、あなたが持っているものを使って、あなたオリジナルのやり方を生み出してください。

ここからは、あなた史上最高の人生ステージになるでしょう。

63

OPEN SESAME

私は私が大好き！
みんなも私が大好き！

無邪気は無敵

あなたは人々の憧れです。マドンナ・ヒーローです。あなたは天使そのものです。

どうして可愛く愛おしいあなたを愛さないはずがあるでしょう。道行く人々が、眩しいあなたを見ています。「何て素敵な人だろう」目が合うと緊張するので、見ていないふりをしています。

あなたはずっとずっと、憧れのマドンナ・ヒーローでいてください。それで良いのです。いつも、いつでも、そう思っていてください。

「もっとシビアに現実を見て、自分のことは辛口に評価しておかないと、痛い目を見るかもしれない」

そんな風に周囲の空気を読んでいると、どんどんあなたの魅力が色褪せてしまいます。人生がつまらなくなります。これからあなたには、驚くほどミラクルな人生が待っています。

もっと遠慮なく、あなたのオリジナリティを光り輝かせましょう。

表舞台に出て、あなたのその神聖な光を辺り中に放射してください。

胸ときめくドレスを着て飾りをつけて、あなたの美しい姿にうっとり見惚れましょう。明るいスポットライトの当たる場所で、あなたの歌を歌いましょう。くるくる回って踊りましょう。どうか、あなたの可愛い笑顔を魅せてください。

あなたを見た人も「私も、あんな風に輝きたい！」という気持ちになるでしょう。

「他の人たちにどう思われるか心配で、なかなか好きなようにできない」

「私だけ幸せになったり、良い思いをしたりするのは申し訳ない」

そう思って、自分を閉じ込めている人が世の中にはたくさんいます。

「自分の世界を自由に表現したら誰かに攻撃される、傷つけ

られる」という不安が、心のどこかにあるのかもしれません。

ですが自分を表現すると、他の人にも良い影響が波及します。「もっと自分を表現したい！」と言う気持ちを誰もが持っているからです。

あなたが、好きな時に好きな人と好きなことをして、自由に輝いているのを見て感動し、勇気づけられる人がたくさんいます。

私たちは輝いている人を見るだけで、その人の中にいる理想の自分に気づくことができるのです。

迷っていた人たちも、あなたが自分を自由に表現して楽しむ姿を見て「私も挑戦したい！」と賛同して応援してくれるようになります。

これから、あなたは幸せと喜びのお手本になっていきます。

あなたは唯一無二のオンリーワンで、地球のスペシャルな宝物なのです。

64

OPEN SESAME

憧れの人と出会い、対話するチャンスに恵まれます

沙羅双樹の花の舟に乗って

コミュニケーションは、心が充実して人生が豊かになる、とても大切なツールです。

そして、なかなか取り扱いが難しいものでもあります。

例えば、憧れの人と話すチャンスが訪れて、共通の話題で会話が弾むこともあれば、緊張のあまりしどろもどろで上手く話せず、しょんぼりと肩を落とすこともあります。

自分ばかり一方的に喋ってしまって後で後悔する、というような経験もあるでしょう。

上手なコミュニケーションには、知識と知恵が必要です。

もっと自分のことを知ってほしい、もっと上手く話せるようになりたい、相手と通じ合いたいという気持ちは、自然と学ぶ意欲をかき立ててくれます。

「どんな話題を知っていたら、あの人と話が盛り上がるだろう？」

「どんな風に伝えたら、興味を持ってもらえるだろう？」

これから、あなたには素晴らしい人との出会いが用意されています。

憧れの人と話すあなたをシュミレーションしましょう。

憧れの人は、どんな様子であなたの話を聞いていますか？

憧れの人は、あなたにどんなことを語ってくれますか？

その人と話す内容や、その時着ている服もイメージして、今から準備しましょう。

あなたがこれまで話したこともないような人たちと、新しい交流を持つことになりそうです。

新しい人々と出会うと、これまでいたコミュニティには無かった新しい言葉や知識が流入します。

これから新しく学ぶことがたくさんありそうです。

学びといっても、テストで高得点を取るために暗記型で詰め込む受け身の学びではなく「これを知って、もっと自分

を魅力的に表現できるようになりたい！」という、自発的で積極的な学びです。

私たちは人との出会いによって「このハードルは、さすがに越えられないだろう」と自分で決めていたボーダーを、あっさりと飛び越えてしまうことがあります。

その境界線を越えた時「世の中には、こんなスゴイ世界が存在していたのか！」と感嘆するような、眩しい世界があなたを待っています。

65

OPEN SESAME

あなた色の幸せ

ライラックの香りが縁取る
マーブル模様の便箋

今、あなたにあるものを、大切にしましょう。それはとてつもなく価値があるものです。たとえ今はそう思えなかったとしても、後で必ずその価値がわかります。

私たちは誰かの成功話や武勇伝を聞くと「自分は、このままで良いのだろうか？　努力が足りないのだろうか？」と心がざわめき不安になります。

社会の評価が低いと「自分なんか相手にされていない。箸にも棒にもかからない」と無価値感を味わい、世間から見放されたような気分に陥ります。でも安心してください。あなたはあなたです。

あなたには、あなたにしかない魅力、世界にたった一つのスペシャルな才能があります。

世の中のお店を見渡してみてください。有名デパートや大型スーパーは、品数が豊富で来客数が多く、売り上げもそれは大きな金額でしょう。

一方で小さなお店でも大きな夢があり、ここにしか売っていないという珍しくて貴重な宝物を取り扱っているお店も

あります。人々のハートをわし掴みにする魅力のある、とてもスペシャルなお店です。世界中どこを回っても、他所では決して買うことができないオリジナルの品物が並び、世界中からファンが訪れるほど特別で、一過性の流行りで廃れたりしません。

あなたが好きなことだけをしていると、個性が際立ち人の魂を震わすお店になります。

小さなお店と大きなお店の価値を、数字で比べるのはおかしいのです。比べるのは、広告のアピール方法や商品の陳列の仕方、売り方などを参考にするくらいで良いのです。

あなたが、あなたの色を出せば出すほどみんな喜びます。あなたの世界を喜んで応援してくれる人たちがいます。

あなたが好きなことだけをするのを、あなたに許可しましょう。あなたのユニークさを表に出すのを、あなたに許可しましょう。

あなたには、計り知れない価値があります。
あなたがすることにも、計り知れない価値があります。

66

OPEN SESAME

お金の主人はあなた

がまぐち財布から飛び跳ねる黄金のカエル

あなたには、許せない人はいますか？　その人がしていることを、あなたも思い切ってやってみませんか？

例えば、いつもあなたにお金を借りに来る人がいるとします。あなたは、その人が憎くて仕方ありません。やっと節約してお金が貯まったと思ったら、お金をゴッソリと持っていくからです。

自分の欲しかった物を買わずに我慢した自分が馬鹿みたいで、悲しくて情けなくなります。

「アイツさえいなければ。自分ばかり我慢して許せない」そう思うこともしばしばあります。

こうしてその人は、あなたがあなたに禁止していることを見せてくれます。**あなたのお金のブロックを取るために、悪役をしてくれているのです。**

あなたは、人にお金を借りたり、人に甘えて頼ったりすることができないのです。何でも自分でできてしまうので、自分でやったほうが早いと思うのかもしれません。

なので、はじめから人をあてにしている人や、簡単に人に甘える人が許せないのです。

苦労して大変な思いをして育てたというのに、収穫の時が来ると、泥棒がやってきて獲物を狙います。そして、あなたの大切な収穫物がハイエナに持ち去られてしまいました。

しかも、盗まれたのではありません。

「困っている！　助けて！」と泣きつかれて、あなたからあげてしまったのです。怒りをふつふつと溜め込みながらも、また与えてしまう。そういった自作自演のストーリーを手放す時です。

あなたも、その人のように許せないと思っていることをしてみましょう。あなたも誰かに甘えていいのです。誰かに頼っていいのです。できない時は断るだろうし、できる時は喜んで気前良く与えてくれます。

自己犠牲をして自分の分まで与えていると、知らず知らずのうちに怒りを溜め込むことになります。相手を悪者に仕立て上げることになります。あなたの分を先に食べてから、

余った分を他の人に与えましょう。

同時にあなたが禁止していることを解除しながら、お金のブロックを取りましょう。

お金がいくらでも無限に入ってくれば、自分にも周りの人にも、いくらでも与えることができます。

私たちは、いったんお金の金額を固定してしまうと、無意識下で固定され自動化され、その金額の範囲内でしか活動ができなくなってしまいます。

ですが安心してください。その金額は、いつでも自分で書き換えることができます。

「お金がいくらでも入ってくる」と信じれば、本当にいくらでも入ってくるようになり「決められた金額の範囲内でやりくりしなければならない」と信じていれば、本当にそうなるのです。

あなたは、いくら欲しいですか？　金額を天に伝えましょう。

67

OPEN SESAME

戦わずに手に入れる

天地創造の７日間

あなたに、金メダルが贈られます。他に銀メダルと銅メダルもあります。お好みで好きなだけ、受け取ってください。

なぜ、人は競い合うのでしょう？
もちろん、獲物が一つしかないと思っているからです。

どの試合も、金メダルは一つしか用意されていません。

時間制限を設け、限られた貴重な宝物を手に入れる。制限して限定することで、人はゲームに熱狂します。

ですが、ゲームの時だけでなく、人生の全てに制限と限定を設けていると、大変な人生を送ることになります。

「幸せは限られている。この限られたチャンスを手にするためには、必死に努力して勝ち取らなければならない」

こういった宣言を宇宙に送信してしまうと、何かを手に入れるためには、必死の努力が必要になります。

そして、簡単に欲しいものを手に入れている人を見ると驚き、ショックを受け、ワナワナふつふつと怒りが湧いてく

るのです。

「世の中の幸せを、あの人が独り占めしてる。ズルイ！　私の分の愛やお金、チャンスまで、あの人が横取りしてる。ヒドイ！」

まるで、その人が世の中の富を独占して、自分の分まで奪っているかのような錯覚に陥ります。

ですが、その人はズルをして独り占めしている訳ではありません。ただ、欲しいものを限定したり制限したり、条件付きにしていないだけなのです。

嫉妬には強力なパワーがあり「あの人のせいで、私の願いが叶わない」→「あの人のせいで、私の願いが叶わないようにしてください」と、わざわざ宇宙にオーダーするようなものです。

嫉妬をすると、宣言した通りの現実が作られ、さらに他人の幸せを妬むという悪循環に陥ります。

他人の幸せを見て「あっいいな」と思ったら、素直に「私

も、それが欲しい。ください！」と宣言しましょう。

もともと、あなたのものはあなたのもので、他の人のところへ行くことはできません。

地球上の全員分の映像が、個々に存在しているからです。

人生は自分で放映した動画を、自分で見ているだけなのです。

この世は、あなたが目にしたことがある物でイメージできる物なら、何でも放映することができます。

宇宙には無限の富があり、私たちがどれだけ欲しいものを受け取っても、まだ有り余るほど世界は豊かで無限です。

あなたが欲しいものを素直に天にお願いしましょう。

68

OPEN SESAME

龍の背に乗って、
地球を遊びましょう！

豪華絢爛な鳳凰の神輿

人間はお祭りが大好きです。神様も賑やかなお祭りが大好きです。

わっしょい！　わっしょい！　大きな口を開けて笑って、明るく神様にお願い事をしましょう。

「神様、お金をくださ〜い！」「天使さん、とびっきり素敵な人と出会えますように！　お願いしま〜す！」「龍様、良い仕事をくださ〜い！」

「お願い事をしたら、厚かましいかな？　迷惑かな？」なんて、心配しなくて大丈夫です。

あなただって誰かの願いを叶えてあげたいはずです。

ふと見ると子供がいて「このオモチャが欲しいな〜」そう言っているのが聞こえたら、そのオモチャをプレゼントしたくなりませんか？

人が喜ぶ顔を見たら嬉しくて、自分まで幸せな気持ちになります。神様も人間と同じです。

あっけらかんと明るく可愛く頼まれたら、たまらなく嬉しいのです。

人間には、お金や時間の都合があって、なかなか有り余るほどは与えられないのですが、神様は何でも簡単に生み出せるので、プレゼントしようと思えば、いくらでも無限にプレゼントできます。

あなたも神様にプレゼントしてもらいましょう。

そして、龍の背に乗って、地球をぐるぐる周遊してお祭りしましょう。龍が集まるところは、明るくてワイワイ賑わっている場所です。龍はお祭りや、お祝い事が大好きです。

一方で、ネガティブなエネルギーは、ネガティブなエネルギー同士で集まります。

あなたは、今どんな気分でいますか？　今あなたが出している気分で、あなたの人生は決まります。

今のあなたの気分が未来を創ります。

周りを見渡してみましょう。あなたの周りには、どんな人がいますか？

その人たちは、どんな気分でいますか？　感じてみましょう。

お祝いやお祭りをして、テンションを上げていきましょう。すると、面白いほど勢い良く、チャンスの扉がパタパタと開いていきます。

「開けゴマ！」

黄金の扉が開くと、そこにはどんな世界が広がっていますか？

龍の背に乗って、地球をぐるりと一周してみましょう。地球のお祭りをみんなで一緒に楽しみましょう！

69

OPEN SESAME

限られた枠の中で楽しむ

12時の時を知らせる柱時計と飛び出す絵本

時には、枠でくくって制限をしたほうが特定の対象に集中できて、物事が進行しやすくなるということがあります。

本来、私たちは自由です。どこまでも自由です。

ですが、自由が広がり大きくなりすぎると、どうしたらよいかわからなくなり途方に暮れてしまいます。

どこまでも無制限に広がる自由には、恐怖さえ感じます。手に負えないと感じて、自分の無力さを見せつけられた気分になります。

「今日から、あなたの好きなように暮らしてください」と言われると嬉しい反面、戸惑いを感じます。

あんなに自由になりたかったはずなのに、いざ自由を目の前にすると、何をしたら良いのかわからなくなります。

あんなに楽しかった寄り道やゲーム、映画、娯楽も色褪せて見え、興味を失ってしまいます。

禁止され、時間の制限をかけられ、限定されていたから、

目の前のものが魅力的に見えたのです。

「いつでも、どこでも、どれでも、好きなだけどうぞ」そう言われると、「いつでもいいかな、別にしなくてもいいかな」という気分になってきます。

間延びした幸せ、それが永遠の幸せの正体です。間延びした幸せは、退屈でつまらないものです。

私たちは、死という崖っぷちに立たされて初めて、全力で人生にぶつかるようになります。

死があるから、生命が輝くのです。

「これだけしかない」と言われると欲しくなり「さぁ好きなだけどうぞ」と言われると欲しくなくなるのが人間の性なのです。

このことに関しては、締め切りを設けてみたり、選択肢を減らして枠でくくって限定してみるのはいかがでしょうか？

70

OPEN SESAME

奇跡を起こす愛の魔法をかけましょう

I LOVE MEの魔法

唯一無二のオンリーワンのあなた。あなた独自のやり方で自分流を貫いて生きていきましょう！

何か新しいことにチャレンジしようする時「人の目が気になって、なかなか行動できない」という人が多くいます。

もちろん、社会で生きいく上で、世間体を気にせず自分流を貫くのは至難の業です。

私たちが安全で快適な社会生活を送るために、必要最低限のルールやマナーを守るのは、とても重要なことです。

ですが、あまりにも人の目を気にしすぎて、常識的に振る舞いまともな人でいようとすると、せっかくの自分の個性が消えてしまいます。

ルールにがんじがらめに縛られて、あまりにも自分らしさを発揮できなくなると「いったい、自分は何のために生きているのだろう？」と、だんだんと生きる意欲を失ってしまいます。

あなたが本当の自分で生きていくと決めたら、人に好かれ

ようと思わないことです。

他人に愛されるよりも、自分に愛される自分になりましょう。

自分らしくいられる環境を探して、本当のあなたでいられる人たちと一緒に過ごしましょう。

人生では、自分の良さを発揮できる環境を見つけることが大切です。その努力だけは、決して惜しんではいけません。

自分に合わない環境で我慢して苦労するのではなく、自分に合う良い環境を探すためには、骨身を惜しまず苦労するべきです。

それは、苦労する価値があるからです。本当のあなたで生きることをあなたに許しましょう。

自信なんて無くて良いのです。この世に自信がある人なんて一人もいません。どんなに自信満々に見える人でも、本当は自信が無いから自信ありげに見せているだけなのです。

自分を愛するとは自分を信じることです。自分を愛するとは自分を許すということです。

あなたがどれだけ自分を愛しているかは、あなたが自分をどれだけ許しているかでわかります。

あなたに許せないことがあればあるほど、人生は窮屈に不自由になり、幸せで豊かな暮らしから、かけ離れていってしまいます。

あなたを信じて、自分流で生きていきましょう。

I LOVE ME！
あなたに奇跡を起こす、愛の魔法をかけましょう。

71

OPEN SESAME

あなたにとって
価値のある
物だけ選びましょう

海の中の白い道に咲くブーゲンビリア

あなたの優しい光が、ほんのりと白い星砂の道を照らしています。

この道を行くと、あなたはどこに辿り着くのでしょう。

木の枝を集めた箒の掃く音がします。きれいに掃除をすると、気持ちがスッキリします。

あなたが普段使っている物を両手で包み、物の気持ちを感じてみましょう。心を込めて物を整理整頓すると、精神的にも物質的にも豊かになります。

物が多く部屋が散らかっていると、小さなことでも、こんがらがって大変なことになります。

なぜなら、人は選択をする時に大きなエネルギーを使うからです。人のエネルギーは無限ではなく有限です。

人間は1日10回も選択すると、エネルギーを使い果たして充電切れになってしまうと言われています。なので家の中に物が多いというだけで、ムダに選択する回数が増え、あなたの貴重なエネルギーをロスしてしまうことになります。

物が多い部屋では、食事や歯磨き、お風呂など、日常の当たり前の行動をするだけでも疲れてしまいます。

もしも使っていない物があれば、思い切って捨てましょう。掃除は、あなたの神様をお祭りする大切な儀式です。

イメージする力を取り戻し、人生を自分の思い通りにする大切な儀式です。

もしも、あなたが神社にお参りに行った時、物があちこち山積みにされ、ゴミが散らかっていたらどんな気分になりますか？　祭壇の鏡が曇っていたら、どんな気持ちになりますか？　とてもお参りする気になれませんよね。

「ご利益どころか運気が落ちそう」と心配になるのではないでしょうか？

整理整頓は、あなたの人生からストレスやプレッシャーを取り除いてくれます。

まずは、あなたのお気に入りの物を飾りましょう。

そこをあなたの神様の祭壇にして、お祈りする空間にしましょう。

その祭壇を中心にして部屋づくりをするのです。神聖な祭壇に合わないと感じる物は、思い切って捨ててしまいましょう。

掃除の儀式を楽しみながら、一つ一つの物に神様が宿るのを感じましょう。

家にいるだけで元気になり、美しくなり、豊かさが広がり、全てが繁栄するイヤシロチ（弥盛地・礼代地）をつくりましょう。

鏡をピカピカに磨いて、あなたの神聖な姿を映し、祝福しましょう。

あなたの部屋は神社になり、白い参道が通ると、あなたは神として地球上で活躍していきます。

72

OPEN SESAME

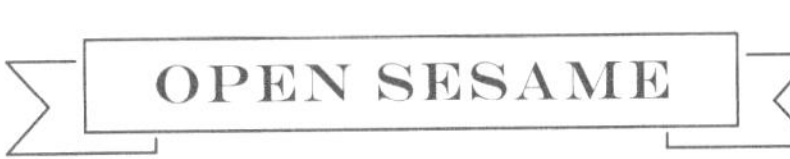

愛する人の中に
最愛のあなたを見つける

車輪の軌跡

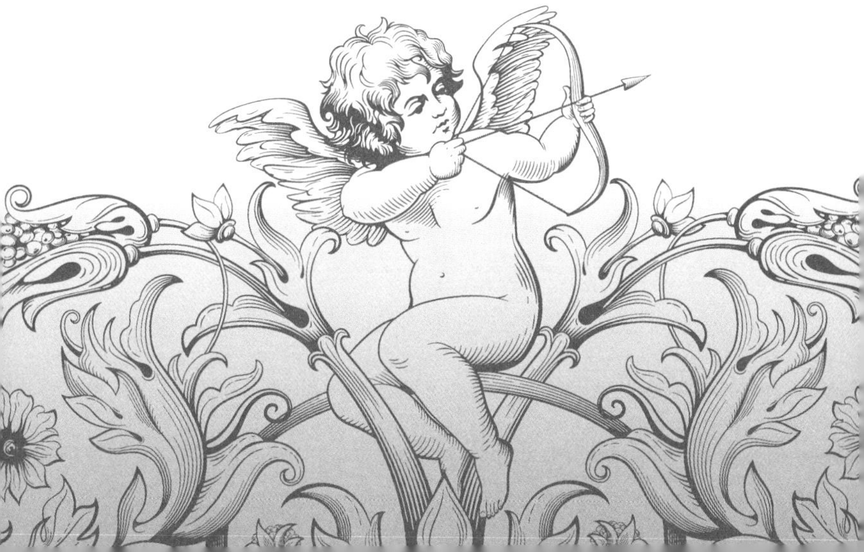

あなたは、愛する人の中に最愛のあなたを見つけ、自分自身を深く愛するようになるでしょう。

最愛のあなたを相手の中に見つける時、相手もあなたの中に最愛の自分を見つけています。

私たちは、出会う全ての人の中にさまざまな自分がいるのを発見します。相手の鏡を通して、自分では一生見ることのできない自分の顔を見ています。

他の誰かと結びつき、お互いの姿を映し合うことで自分を知り成長していくのは、人生における最も素晴らしい体験です。

最高の自分と出会ってからは、自分自身を敬い大切にして、より深く愛することができるようになります。

もちろん、愛という甘い言葉の響きに酔って、相手を隠れ蓑にして、見たくない自分から逃げている場合もあります。

例えば、誰かに強い憧れを抱き、相手を崇拝しているような場合、その多くは真実の愛ではありません。

現状への不満や自分の嫌な部分と向き合えず、現実逃避をするために相手を利用しています。

恋愛体質なのではなく依存体質で、相手が自分を理想の世界に連れていってくれると幻想を抱いています。

相手の中に自分の欠落した部分を見つけた時、その愛はあっけなく終わるでしょう。

相手の中にいる、あなたの真の姿を見つけましょう。人と心から愛し合う時、自分と心から愛し合っています。

魂で愛し合うことは、ピュアで透明に光り輝く、本当の自分を見つけ出す神聖な儀式です。

愛し愛される喜びが絵の具となり、人生のキャンバスに色を差すと、これまでと同じ場所にいてもまるで別世界にいるように感じるでしょう。

今、薔薇色に輝く愛の世界が、あなたの前に広がっています。

73

OPEN SESAME

悲しみは美しい色

ネモフィラの世界一短い手紙

あなたは、美的センス溢れる洗練された人です。

賢者のあなたは、技を極めこだわり抜いて作られた至高の逸品を探し求めています。

「使えれば何でもいい」あなたに限って決してそんなことは言わないでしょう。ありふれた適当なものでは決して満足しないのですから。

私たちは「人生が辛くて苦しい、悲しい、寂しい」と嘆くことがあります。

ですが「幸せになりたい。この苦しみから逃れたい」と口では言いながらも、心の奥底では上手くいかないことを求めていたりします。

もしも、あなたの人生が全て思い通りになり、幸せなことばかりになると、どんな気持ちになりますか？

これといったトラブルもピンチもなく、簡単に欲しいものが手に入る人生。

試練や苦労もなく、ただ楽しく明るく笑っているだけの毎日。

例えば、生まれた時から恵まれた環境で育ち、これといった苦労の無い人たちを見た時、どことなく人間に深みがなく薄っぺらな感じがするのはなぜでしょう？

その人たちがどれだけ良い話をしても、物事の上っ面だけなぞったようなチープな感じが拭えず、全然ハートに響いてこないのです。

ですが、そこに苦しみや悲しみという感情が含まれると、一気に**受け取る感じ**は変わってきます。

同じ内容の話を聞いても「大変な苦労をした」と聞いただけで、急にその人に興味が湧き、ぐいぐい話に引き込まれるようになります。

苦しみという感情によって、物語に共感し感動します。

悲しみや苦しみは、魂を揺さぶる感情です。詩的で、深く、美しい感情です。

切ないラブソングが、人々のハートをぎゅっと掴んで離さないように、胸が苦しくて切ない気持ちは、魂にとってとても貴重な体験なのです。

人間は、苦しみや悲しみから逃れたいと言いながら、この感情に浸るのがたまらなく好きです。

ほのぼのと幸せが続くドラマを、見続けられる人はいません。１話見るのがやっとなくらい、退屈ですぐに飽きてしまいます。

山あり谷ありピンチあり、悩んで苦しみ、悲しくて辛い思いをして初めて感動的なドラマになるのです。

悲しい色は、切なく、深く静かで、厳かな尊い色。

あなたの人生のキャンバスには、明るい色と暗い色がコントラストを描き、またある時は溶け合いながら濃淡を描き、素晴らしい絵になっていきます。

今、あなたの人生のキャンバスには、どんな絵が描かれていますか？

74

OPEN SESAME

幸せな感情をクリックする！

ペガサスの背に乗って虹の橋をかける

あなたの夢の世界が、だんだんと姿を現してきました。

ここからは、目に見える物ではなく、目に見えないものを増やしていきましょう。

私たちは幸せな出来事が起こると、とても幸せな気持ちになります。

「もっとこの幸せを感じたい。もっとあの人と会いたい」と思います。「あの人と会うと幸せな気持ちになる」と知っているからです。

「もっと会いたい」と相手に働きかけるのも良いのですが、もっと良い方法があります。

それは、幸せな感情を自分の中で大きくふくらませるという方法です。

自分の中の幸せがふくらむと、相手にも幸せの波が伝わり、寄せては返し、自然な流れでまた会うことになります。

外側に働きかけて物事を動かそうとするのではなく、まず

は自分の中の幸せを大きくふくらませましょう。

あなたの夢の世界は、どんな場所ですか？　そこであなたは、どんな一日を過ごしていますか？　どんな人と、どんな幸せを分かち合っていますか？

好きな人たちと一緒にテーブルを囲んで美味しい物を食べているシーンや、可愛いペットと一緒に海辺を散歩しているシーン、素敵な空間で趣味に打ち込んでいるシーン、あなたが思い浮かべるだけで幸せな気持ちになる光景を、具体的にどんどん思い描いていきましょう。

あなたがイメージをすると、その映像は録画され動画になります。動画は、たとえ現実に目に見えなくても、どこかの周波数に存在しています。

ファイルに保存した夢の動画をクリックすると、現実スクリーンに前に撮影した動画が流れます。

地球にいるあなたの周波数（息）を、夢の動画の周波数（息）に合わせると、チャンネルが繋がるのです。

つまり**呼吸をしながらイメージすると願望実現する**ということです。

写真や動画を撮るように、日常的に気軽に理想の世界をイメージして、仮想空間にどんどんあなたの夢を集めていきましょう。

そして呼吸をしながらイメージすれば、すでにあなたの中に保管されている夢の動画がクリックされ、現実に放映することができます。

今は行動して目に見える成果を量産するよりも、じっくりと時間をかけて目に見えない世界で生産しましょう。

憧れの世界を見にいって、人生動画の材料集めをしましょう。この世には驚くほど素晴らしいものがたくさんあります。それを録画しに行きましょう。

そうすれば飛び上がりたくなるほど嬉しい奇跡が、あなたの目の前に現れるようになるでしょう。

75

OPEN SESAME

人生をリニューアルする出会いがあります！

ドラゴントルネード到来

激しい嵐がやってきて、建物や看板、草木、何もかもが吹き飛びます！

これから、新しい時代を迎えるための、大浄化が行われます。

私たち人間だけでは、なかなか使い慣れたものを捨てることができないので、自然の手助けが必要なのです。

例えば、飽き飽きしている仕事や、惰性でだらだらと続けている習慣、予定調和の馴れ合い、代わり映えのない毎日、不便を承知で使い続けている道具など。

こういった人間が捨てたくても捨てられないものが、世の中にはたくさんあります。

捨てたほうが良いとわかっていても、そこにはしがらみという根っこが巻きついていて、どうにも身動きが取れないのです。

これらの空間を根こそぎ入れ替えることができるのは、大いなる自然の力だけです。

災害という名の通り、一見恐ろしい地球のイベントに思えますが、もしも自然災害がなければ、私たちの暮らしは進化することができません。

革新のためには、大混乱が必要です。嵐はすぐ無事に収まるので、安心してください。

この世に変化しないものは、何一つありません。

もしくは、嵐のような強烈な出会いがあるのかもしれません。人との出会いによって、これまでの人生が覆され一変するということがあります。

その人から受けた衝撃は、嵐のように強烈に魂を揺さぶり「変わりたい！」という気持ちが湧き出してきます。

「私もあんな風になりたい！　もっと輝きたい！」と、いても立ってもいられなくなり新しい世界へ飛び込むことになるでしょう。

本来、好奇心旺盛なあなたは、大人の分別や常識を優先し

ているうちに、変わるべきタイミングを逃してしまっていたのです。

変化の後に訪れる自由と、光り輝くステージのあまりもの眩しさに、あなたの胸は高鳴るでしょう！

どうぞ嵐を歓迎して、大変化を起こしてください。

あなたが心で繰り返している呪文

太陽が真上に昇り、極楽鳥花の花が色鮮やかなオレンジの光をシャドウに差し込むと、青いオウムがやってきました。

オウムは繰り返し同じ言葉を話しています。何と言っていますか？

オウムの言葉は、あなたが周りの人に対して、いつも思っていることです。

76

OPEN SESAME

パァ〜っと潜在能力が開花します！

360度、星が瞬くある夏の日の川下り

今、あなたの周りに、煌めく星々が集まっています。

あんなに「相手に変わってほしい」と切望していたのに、相手は変わる必要がなくなります。なぜなら、あなたが変わるからです。これから、あなたの潜在能力が目を覚まし、あなたは大きく飛躍します。

あなたは雲の上まで聳え立つ、聖なる山の頂きを目指して巡礼の旅に出ます。聖なる山の頂上で祈りを捧げ、未来のビジョンと広い視野を獲得したあなたは、全ての物事を高い視点から観るようになります。

勇気と愛を持ってピンチをチャンスに変え、道を切り拓いていくマスターの域に入ります。

これまでの人生では、**行動によって物事が起こる**ことが多かったかもしれませんが、これからは、何もしなくても**物事が自然に起きる**ということが増えていきます。

なので「この問題を何とかして解決したい」という衝動が湧いても、今は行動してはいけません。

誰かが何か言ってきても、無反応で構いません。あなたから働きかけるのをやめて、自然に事が起こるのを待ちましょう。何もしないということが、最善のルートであることも多いのです。

重要なのは行動や結果ではなく、あなたの気持ちです。あなたの流れゆく感情を、ただ感じて眺めてみましょう。

感情は人生の羅針盤です。

人間は感情を道具として使いこなすことで、人生を快適に進めることができます。ですが**感情という羅針盤を使いこなす**のは至難の業で、自分の感情に圧倒され支配され人生が混乱する、という事態が人生には多々起こります。

お金も道具でありながら、人間を支配することがあります。現に、この世は、お金という道具に支配されている人が山のようにいます。

「お金が無いからアレができない、コレができない」と、多くの人が嘆いています。お金は感情の拡大鏡で、お金を通すと自分の気持ちがハッキリとわかります。

自分のことをよく知りたいと思ったら、人とお金をやりとりする時の自分の気持ちを観察すればいいのです。金額や人の収入の話など、自分が相手や社会に対して、本当はどんな風に思っているかが明確になります。

マスターになるあなたはこれから、道具に使われずに、道具を使っていく必要があります。

力を抜いてプッカリと水に浮いてください。どんな気分ですか？　何かにしがみつきたくなりますか？　握りしめてる手を緩めて、ただ流されてください。

川の流れは、あなたを桃源郷へと連れていきます。あなたは魂の目的地へ運ばれています。**全てを計画通りに進める必要も、絶えず成果を挙げ続ける必要もありません。**

ただ無心になってリラックスしていてください。音楽が鳴り出すと自然と体がリズムに乗るように、リラックスしていれば、自然と大いなる流れに乗ることができます。

今あなたは、数え切れないほどの星が煌めく、人生史上最高の場所に向かっています。

77

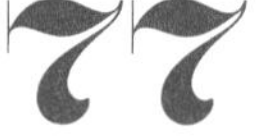

OPEN SESAME

男と女

薔薇の花びらの中で
愛し合うお姫様と王子様

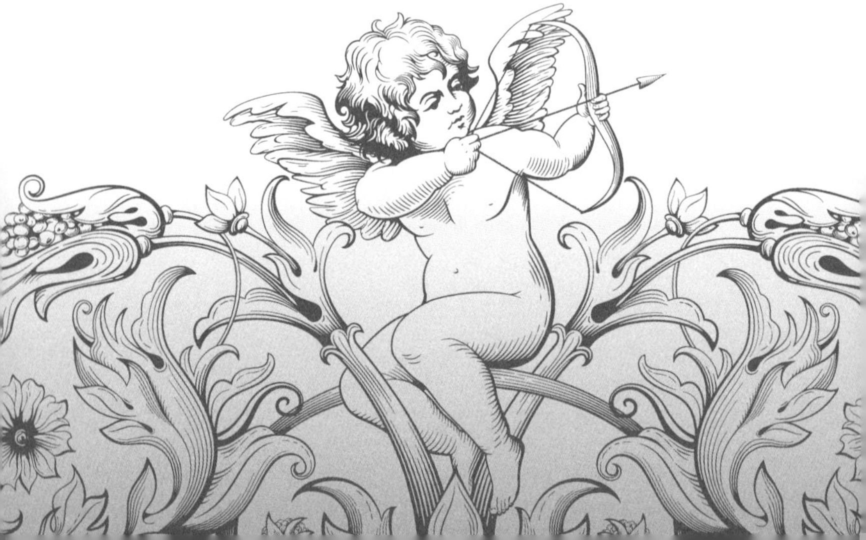

世の中には、パートナーシップで悩んでいる人が多くいます。

この問題は相手に向かうのではなく、自分の中にいる男性と女性を仲直りさせることで解決します。

あなたの中には、男性のあなたと女性のあなたがいます。

あなたの中にいる女性が男性を否定し、あなたの中にいる男性が女性を否定していると、外側でもパートナーとの不仲が起こります。

DVは一見、男性が一方的に女性に攻撃しているように見えますが、エネルギー的に観ると女性も攻撃していてお互いにやり合っている状態です。

女性は「どうせ私を幸せにする能力がないくせに、偉そうに！」と、知らず知らずのうちに無意識で男性を攻撃しています。女性が男性を信頼せず、愛を拒絶して受け取らないでいると、抵抗された男性はショックを受け、傷つき、怒り、失望して、攻撃をします。

男性は**自分には大切な女性を幸せにする能力がある**と思いたいのですが、自分に自信が無いのもあり、与える能力を発揮することができません。

一方で女性は**自分には男性から幸せにしてもらう価値がある**と思いたいのですが、自分の価値を否定しているため、受け取る能力を発揮することができません。

どうしてお互いの性を否定して、素直に自分を表現することができなくなってしまったのでしょう？

それは過去に、女らしく、また男らしく振る舞って、嫌な思いをしたことがあるからなのです。それで、女らしさや男らしさに抵抗感が出るようになったのです。

また「男なんて」「女なんて」と家族や誰かが言っているのを繰り返し聞いているうちに、男や女を否定するようになったのです。

過去に男性で嫌な思いをした人は、男らしさを見ると拒絶反応が出るようになり、女らしさを強く出すようになります。反対も同じで、女性で嫌な思いをした人は、女らしさ

を見ると拒絶反応が出るようになり、男らしさを強く出すようになります。

女性性が過剰になると、相手の要求を断れずに何でも受け入れてしまったり、相手から自分を認めてもらうために自己犠牲したり、自分の意見や気持ちを伝えることができずに、要らない苦労や我慢をします。

逆に男性性が過剰になると、相手の気持ちを無視して自分の意見を強引に押しつけたり、自己中心的な態度でわがままに振る舞ったり、精神的成長なく短絡的に行動しまくって、結果だけを追い求めるようになります。

男性は行動して結果を出し、女性に与えることで自分に価値を感じます。一方で女性は、夢を描いて幸せを感じ、男性から受け取ることで自分に価値を感じます。

男性は、女性の願いを全力で叶えるカッコいい王子様でなければなりません。

女性は、男性から夢を叶えてもらう幸せなお姫様でなければいけません。

男性の陽極と女性の陰極のバランスが取れ男性が行動して女性の夢を叶えて幸せにするという陰陽の統合が行われると、全てにおいて最高の結果が出るようになります。

自分の中の男性性と女性性がアンバランスになると、自分を傷つける人を引き寄せてバトルするようになります。

自分の中の男性と女性がお互いを理解して仲直りすると、それが外側に反射して、最高のパートナーシップが現実に姿を現すようになります。

心から幸せなパートナーシップを築くためには、自分の中にいる女性の気持ちと男性の気持ちに丁寧に寄り添っていく必要があります。あなたの中の男性と女性の闘争が終わり仲直りをすると、周りの人はそれに反射して、あなたを大切にしてくれるようになります。

陰陽が統合されると最高最善のパワーになり、何をしても結果が大きく出るようになります。

あなたの中の王子様とお姫様に今の気持ちを聞いてみましょう。二人はそれぞれ、何と言っていますか？

78

OPEN SESAME

あなたの今世は、ご褒美人生

仏の座と幸せの種を空からばらまく福の神

あなた史上最高のあなたになる日が近づいてきました。
カウントダウンに入っています！

もしもダメな自分を責めてしまったり、自分以外の人になろうとして自分から逃げている時、神様だった頃のあなたを思い出してください。

あなたの神様は、長年繰り返されたエゴ（もう1人の自分）の声によって、だんだんと薄くなり消えかかっています。

「早急にこの問題を解決しなければ。苦手なものを克服しないと、立派な人間にはなれない」

エゴは、そうけしかけてくるかもしれません。

また、あなたがゆっくり休んでいると「こんなにのんびりしていたら、みんなに遅れを取ってしまう。取り返しのつかないことになる前に、早急に対処しなければ」

エゴは常にあなたを監視し、世間体や常識を持ち出してはプレッシャーをかけてきます。

急いで達成しないと困った事態になると脅してきます。

エゴは常に他人の目を過剰に気にしているため、あなたが生まれつき持っている特殊な能力を、社会の枠に当てはめ規格外と決めつけると、ムリやり矯正させようとします。

頭に繰り返し浮かんでくるエゴの声を聞くと、焦り、苛立ち、不安にかられ、つい命令に従ってしまうのですが、エゴの声を聞いている限り、いくら頑張っても苦労をしても、決して幸せにはなれません。

だからといってエゴの声を拒否したり無視したりしていると、エゴの声はさらに大きくなります。

なぜならエゴは、あなたをとても愛しているからです。

愛するあなたが「失敗するのではないか？　危ない目に遭うのではないか」と心配して過保護になっているのです。

なのでエゴには「心配してくれてありがとう。感謝してるよ。でも、もう心配しないで。失敗してもやってみたいんだ。挑戦すること自体が大切だから」という風に、感謝の

気持ちとあなたの意思を伝えましょう。するとエゴは納得して、あなたの意思を尊重してくれるようになります。

あなたとエゴがわかり合えると、社会のレッテルが気にならなくなり、あなたは本当の自分で生きるようになります。

例えば、結婚していないと結婚できない人、大学を出ていないと学歴の無い人、正社員でなければ不安定な人など、何かのステイタスを持っていないと、偏見を持って見られることもあったかもしれません。

本人は幸せに暮らしていても、周囲の誤った偏見からダメ人間のレッテルを貼られると「そうか自分は残念な人間なんだ」と認識するようになり、劣等感を持つようになります。

自分の人生なのに、他人のレッテルによって幸せが左右される、そんな時代だったのです。

ですがもう、時代は自由なフラット社会に移り変わっています。

「自分以外の誰かに幸せを決められるなんて、ありえない。自分のことは自分で決める！」そんな自由な時代が到来したのです。

これからは何でもあなたが決めて良いのです。あなたがあなたを評価してください。

あなたを理解できない人がする評価など、気にしたところで何のメリットもありません。

他人と比べて落ち込むのなら、シャットアウトして見ないようにしたら良いのです。気分の悪くなるものを、わざわざ目に入れる必要はありません。

あなたが思っている以上に、あなたには素晴らしい才能があります。あなたの才能を誰か他の人に認めてもらう必要はありません。

成功している人は、他人にレッテルを貼らせない人です。

あなたは神として目覚め、オンリーワンブランドを確立する時が来ています。

79

OPEN SESAME

長年の努力が報われる時

女神ペレの怒りと情熱の炎

ついにあなたの努力が報われます。

「どうして、こんなに頑張ってきた自分の結果がこれなんだろう？」そう思うことはありませんか？

「私のほうが、あの人より実力もあるし、こんなに努力してるのに、なぜあの人ばかり評価されるのだろう？」

世の中には、どんなに頑張っても報われない人と、期待以上の成果に恵まれる人がいます。よく見ると、そこには大きな違いがあります。それは**動機**です。

そこには自分軸でやったのか？　他人軸でやったのか？　の違いがあるのです。

結果には自分がどれだけ頑張ったかではなく、自分が相手に与えているエネルギーが反映します。

自分軸で自分がしたいからしたということには、嬉しい！　楽しい！　好き！　というポジティブなエネルギーが乗っていますが、他人軸でしたことには「自分はしたくないけど仕方なくした」という我慢や苦労のネガティブなエネル

ギーが乗っています。

結果には、動機となったエネルギーがそのまま反映します。

「こんなに頑張ったんだから私のことを認めてほしい」と他人軸でいると、自分のことを認めさせたい、評価させたい、感謝させたい、という支配やコントロールのエネルギーが出ます。

「自分の思い通りに相手を反応させたい」という強引さは、目に見えなくても相手に伝わっています。

一見**相手のため**という風に見えて、実は相手からエネルギーを奪おうとしているので、察知した相手は不快に感じます。

「結果なんてどうでもいい。ただ、したいからする」このように自分軸でしたことには、結果が大きく出ます。

報われないという怒りは、本当は結果に対してではなく、自分を犠牲にした自分に怒っているのです。

誰かに認められるために頑張るのをやめて**コレをすると幸せな気持ちになれる**ということをしましょう。どんな小さなことでもかまいません。

あなたの希望を、あなたの中の男性が叶えてあげると、あなたの中の女性はとても喜びます。

自分の中の女性性が満たされると、受け取ることを許可することができるようになり、思いがけないほど大きな結果を受け取るようになります。

受け取ることが、女性の地球での役割だからです。誰かに無価値感を満たしてもらうために頑張るのをやめて、自分で自分の心を満たしましょう。

今、抱え切れないほど多くの素晴らしい幸運があなたを待っています。

80

OPEN SESAME

あなたに拍手喝采が起こります！

守護天使ガブリエルの翼に抱かれて

心が押し潰されそうな時、一人でトボトボ歩きながら「もうダメだ。生きていたくない」と思うことがあります。

ですが、あなたは本当にそんなに悪い状況にいるのでしょうか？

よくよく見渡してみると、あなたはかなり恵まれた状況にいるのではないでしょうか？

あなたは自分の可能性に挑戦するために、わざと冷たい水に入ったのです。ぬるま湯にいると「この状況から脱出することができなくなるだろう」賢いあなたは、それを察知して自ら冷たい水を浴びたのです。

さぁ表に出て太陽の光を浴びましょう！

両手をバンザイして力強く立ち、太陽のパワーが体中を熱く巡るのを感じましょう。

胃の辺りから自信の光が溢れ出し、頭には稲妻のインスピレーションが瞬き、お腹の底からパワーが漲るのを感じるでしょう。

「理想ばかり追っていないで、現実を見なければ」と、わざと目標を低く設定する必要はないのです。

大きな夢を抱くのは素晴らしいことです。夢を諦める必要もありません。

あなたの希望を縮小すると、あなたの存在も縮小していきます。あなたは、上を目指して大きく飛躍する人です。

あなたは、自分が思っているよりもずっとパワフルで現実的です。そのことは夢物語では終わりません。

あなたは、唯一無二のその才能を生かすために、地球にやってきたのです。今こそ背中の翼を広げましょう。

今こそ飛翔の時です。あなたが勇敢にジャンプする姿に拍手喝采が起こり、歓声が鳴り響きます。

私たちは、勇気を出して飛び立つ人に惜しみない称賛を送ります。なぜなら、その瞬間を見るために地球にやってきたからです。

あなたは、受け身で生きるために地球に来たのではありません。

あなたの「よしやるゾ！」という気合いと意気込みが多くの人を勇気づけます。

生命の輝きを辺り中に撒き散らしながら、ドラマティックに羽ばたくあなたの姿が、地球上のスクリーンにスローモーションで流れています。

瞬間が永遠になり、勇敢なあなたはヒーローとして拍手喝采を浴びています！

81

OPEN SESAME

感動のサプライズ

揺らぎながら生きる

宇宙には、さまざまな法則があり、それらをベースにして万物が動いています。

季節の移り変わり、潮の満ち干、花が咲き実のなる時期、それぞれの生き物の寿命など、それぞれの法則に則って、規則正しく動いています。

人間の目には一見、カオスで無秩序に見える場所にも一定の法則性が働いています。

私たち人間は、決して自然の知性に逆らうことはできません。あなたの肉体もそうです。細胞レベルで、どのように動いて、どのように成長するか決まっているのです。

あなたは、この法則に逆らってでも成し遂げたいと思っていることはありますか？

例えば、人間は季節に逆らって冬にスイカやきゅうりを育てたりします。

それは確かにできないことはないでしょう。

ですが、季節を無視して作られた冬のスイカには、スイカ本来の美味しさや滋養が無く、食べても自然界の恩恵を十分に得ることができません。

またお腹が空いてから食べるのと、満腹で食べるのとでは、同じ物を食べても美味しさが全然違います。

早すぎても遅すぎてもダメなのです。

人間が心から満足する結果を得るためには、自然と共存している必要があるのです。

本当は、あなたは**いつ何をするべきか**細胞レベルでわかっています。

まがい物の結果を出すために立てる不毛な計画よりも、あなたの細胞の中にある知性と繋がって、自然の恩恵を受けるほうがはるかに得策です。

ゆっくりと自然の中で過ごし、流れゆく季節を感じてください。

リラックスしていれば、あなたの動き出すタイミングがわかります。

あなたに、自然界から感動のサプライズが用意されています。

宇宙樹の葉っぱ

樹齢600年の木の精から、あなたに手紙が届いています。
封を開けると葉っぱが入っています。

葉を日に透かすと文字が浮かび上がってきました。

あなたの出生の秘密を読んでみましょう。そこには、どんな記録が書いてありますか？

82

OPEN SESAME

日常に映画のワンシーンをつくる

こだまする喜び

今、あなたの目の前にある風景を感じましょう。

手に持っている物を丁寧に触ってゆっくりと呼吸し、その対象と息を合わせてみましょう。今この瞬間をじっくり味わえば、次に起こる展開を大きく変えることができます。

私たちは、情報過多の暮らしの中で、未来や過去あちこちに意識を飛ばしながら、せかせかと気忙しい毎日を送っています。

効率を上げ、スピードを上げ、生産性を上げて、次々と結果を出していると、一時的に達成感や満足感を味わうことができます。

ですが、魂はあなたに、もっと感動的で素晴らしい体験をしてほしいと思っています。

乱雑に数をこなして結果を量産するのではなく、あなたが心から本当に欲しいものに的を絞りましょう。

理想の暮らしが思い出せなくなった時は、ゆっくり時間をかけて五感を満たす至福の時間を作りましょう。

朝起きてすぐ「今日はアレとコレをして17時までに終わらせなきゃ」と予定をビッシリ詰め込むと、五感が貧しくなり金銭的にも貧しくなります。

五感が至福の感覚を忘れてしまうと、豊かさを引き寄せることが難しくなります。

例えば、朝急いでいると、朝日が昇る爽快でパワフルなエネルギーを体に取り込むチャンスを失います。

ご飯を食べている最中に明日の用事や仕事のことなどアレコレ考え出すと、食べ物を味わって感謝するという豊かさを増大するチャンスを失います。

じっくり味わって感じるという、人生において最も重要なパワーを損なってしまうのです。

「この用事をサッサと終わらせて、次の用事に取りかからなければならない」などと雑用を次々とこなすのをやめて、一日のうちにすることを決めて用事をできるだけ減らしましょう。

一つのことにゆっくり時間をかけて、五感が満たされる感覚を取り戻しましょう。

例えば、お茶を淹れて飲んだら終わりではなく、やかんにコポコポとお湯の沸く様子を眺めたり、お茶を注ぐ音を聞いたり、ひと口飲んで窓の外をボ〜っと眺めたり、まるで映画のワンシーンのように過ごすのです。

忙しい時でも、なるべく五感を満たす時間を作るようにしましょう。あなたの五感を満たすと、女性性が高まり豊かさが自分に入ってくるのを許可することができます。

これが精神的にも物質的にも、確実に豊かになる方法です。

至福の時間が、あなたの価値を高め人生ステージを引き上げてくれます。

ピーコックの魔法

ふと見ると、部屋のベランダに美しい孔雀がとまっています。

「こんにちは。綺麗な羽ですね」と孔雀に話しかけてみましょう。

すると、孔雀は美しく偏光する羽を3枚くれました。この魔法の羽にあなたの願いを伝えると、3年以内に願いが叶います。

それでは、1枚目の羽を手に持って願い事を伝えましょう。

願い事を言うと、羽がくるくると回転して時空間がねじれ、夢のチャンネルに繋がりました。

願いが叶って大喜びしている自分の姿が見えると、嬉しくて幸せな気持ちになりました。

2枚目と3枚目の羽にも同じように願い事を伝えましょう。

あなたの幸せな気持ちが先取りされ、今の周波数が夢の周波数に繋がりました。

青く紫に煌めく孔雀に「ありがとう」とお礼を伝えましょう。

83

OPEN SESAME

私を愛でる

ブルースターサファイアの華麗なる変身

あなたの波動を整えましょう。

あなたと同じ空間にいる人を、意図的に選びましょう。

たとえ、あなたがグチや不満を言わなくても、隣にいる人がグチを言っていたら、あなたのオーラはグチの波動に染まります。自分が言わなくても、グチを言っている人と同じ空間にいるだけで、グチの波動にチューニングされてしまうのです。

グチは「自分が無価値で無力になりますように」と宇宙にオーダーする行為です。

グチを言うたびに、「あの人に酷い目に遭わされて、人生を台無しにされますように」「会社にこき使われて、自由を奪われますように」と宇宙にお願いしているようなものなのです。

あなた自身のパワーを取り戻すためには「私には価値がある」とオーダーを上書きする必要があります。

もちろん、悩んでいるのに上辺だけ取り繕って問題無いよ

うなフリをする、という意味ではありません。徹底的に自分の気持ちとは向き合うべきです。

ですが、グチが習慣になり、宇宙に繰り返し欠陥商品をオーダーしていたら、文句を言いたくなる状況から永遠に抜け出せなくなってしまいます。

たとえ、あなたがグチを言わなくても、周りに四六時中グチを言っている人がいたら、まるで災難に遭うかのように不幸の波に呑み込まれてしまいます。

大切なあなたの身を言葉の災害から守るために、同じ空間にいる人を選びましょう。

心がパァ〜っと明るくなる、心が踊る言葉を選んで話すようにしましょう。

否定は猛毒です。

自分や他人を否定するたびに毒が回り、オーラが黒ずみ体調不良になります。人生が停滞し、対人関係や金銭状態が悪化します。

解毒するためには肯定が必要です。人生から否定語を取り除き、否定は全て肯定する内容に作り替えましょう。

あなたを徹底的に肯定しましょう。

「私にはできない。もうダメだ」と否定してはいけません。同じ内容でも自分を肯定する言葉に言い換えることで、その後の人生は大きく変わります。

「私にはできない。ということは他の人の仕事なのだ。私がしなくていい仕事ということだ。ムダなことをしなくてよかった！」という風に言い換えるのです。

何が起こっても物事を良い悪いと決めつけず、全てが良くなる方向に持っていきましょう。

脳は他人と自分の区別をしないので、他人を否定すると自分も否定することになります。自分に毒が回ります。なので、他人も肯定するようにしましょう。

例えば「あの人失礼だな。許せない」という内容は、「あの人が失礼なおかげで、余計な気遣いをしなくてすむ。ラッ

キー！」という風に言い換えます。

あなたの人生を麻痺させている、否定の毒をデトックスしましょう。

たとえ口に出さなくても、頭の中では1日6万語以上もおしゃべりしていると言われています。

そのほとんどは否定や批判、ネガティブな言葉です。

なぜなら、世界中の言語のほとんどは、ポジティブな言葉よりもネガティブな言葉のほうが圧倒的に多いからです。

少しだけポジティブな言葉を話したくらいでは解毒が間に合わないほど、世の中は毒言葉だらけなのです。

世の中の多くの人が、自分の頭の中にある言葉の毒で、自分の自信を失い、本領発揮できずにいます。

今日から早速デトックスをしていきましょう。
まずは、鏡に映るあなたの顔を見てください。

そして「今日も素敵だね。綺麗だね。カッコイイ！　スゴイ！　よくできたね！」と声をかけてあげましょう。

すると、あなたの顔色が明るくなりオーラが明るくなります。

全身が明るく光を放つまで、褒めて、褒めて褒めまくります。次に、鏡をピカピカに磨きましょう。

すると、神々しく光り輝くあなたの神様が鏡に映し出されるでしょう。

あなたの神様に感謝の言葉を捧げて、今日も素晴らしい一日を過ごしましょう。

84

OPEN SESAME

頑張る自分より
楽しむ自分

大自然の懐に飛びこむ

大自然からあなたに、サファイア色に輝く贈り物が届いています。

あなたの両脇には、美しい金髪のエンジェルがいて、あなたを守護しています。

少し時間を取って、自然の中で過ごしてください。

自然の中で深呼吸をすると、地球上で暮らしている全ての生き物と繋がります。

木の根から栄養が全体に行き渡るように、全身に血が巡り、心と体が活力を取り戻します。

ムリをせず自然体で暮らしましょう。**あなたが嫌な気持ちになるものがあれば、人生からシャットアウトしましょう。**

わざわざ不快なものを目に入れて、怒ったり、悲しんだり、許せないと嫉妬したり、これはダメと批判したりする必要は無いのです。

わざわざ不快で苦痛な思いをしたところで、魂が成長する

訳でも人生が良くなる訳でもありません。

何のメリットもありません。

「のほほんとして幸せな気持ちでいると、平和ボケしてしまう。気を引き締めなければ」そんな警戒心も不要です。

取り越し苦労で明日を心配したり、過ぎ去った昨日のことを悔やんでいると、人生創造に最も重要な今という瞬間を逃してしまいます。

私たちは、良いことがあるから幸せを感じるのではありません。自分らしくいられる時に幸せを感じるのです。

どんなに良いことが起きても自分らしくいられないと、まるで自分を失ったように感じて虚しくなります。

偽りの自分で生きる、それは生きながらに死んでいるのと同じことです。

あなたがリラックスして好きなことができる環境を全力で探しましょう。そして、あなたを認め全肯定してくれる人

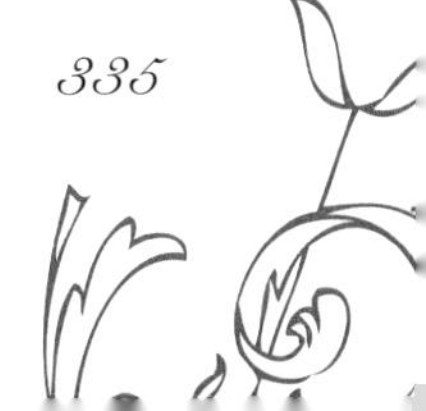

と出会いましょう。

求めよ、さらば与えられん。
あなたという花が咲くための土壌に種を植えてください。

すくすくと健やかに、あなたの花が美しく咲く場所が必ず見つかります。

森羅万象のアファメーション

私の花が咲き誇る素晴らしい土地とご縁を頂き、光り輝く神殿で暮らしています。ありがとうございます。

お互いに最高に輝き、響き合う素晴らしい人とご縁を頂き、愛の花が満開になっています。ありがとうございます。

私の星の光が地球上で最大限に放射し、喜び溢れる天職を楽しみ、幸せな毎日を送っています。ありがとうございます。

85

OPEN SESAME

恋する喜びが訪れます

春の女神メイアに捧げる愛のダンス

あなたに15才の春が訪れます。好きな人ができると、切なくて苦しくて、そして幸せです。

ですが、本当は相手が好きなのではなく、好きな人といる時の自分が好きなのです。

好きな人の態度によって飛び上がるほど嬉しくなったり、ショックを受けて落ち込んだり、感情のジェットコースターを味わっている自分が、新鮮で、楽しくてたまらないのです。

形式と安定を求めてするおつき合いとは全くの別物です。

義務的な契約では、胸が苦しくなるほど相手を好きになったりしません。恋する相手が見せてくれる初めて見る自分に驚き、魂をわし掴みにされるのです。

冷静でいられなくて、まるで狂っているかのようなおかしな行動をする自分、うっとりと花を眺めるようにずっとそのことを考えてしまう自分、強烈に傷ついて立ち直れないほど落ち込む自分、恐る、恐る、その自分を見る楽しさ。

人は恋をすると、変になるのです。まともではない、おかしな自分は、滑稽で、可愛いく、そして愛おしいものです。

恋愛は、地球上で最もスリリングで、胸踊るエンターテイメントの一つです。

もっともっと恋をしてください。恋愛ドラマを見て、恋する感覚を味わいましょう。

素敵な人に恋しましょう。素敵な場所に恋しましょう。素敵な物に恋しましょう。そして、素敵なあなたに恋しましょう。

恋をしているあなたは、恋をしていないあなたの何倍も魅力的です。あなたの恋するパワーを呼び覚ましましょう。

恋愛のブロックを消去して、本物の愛を人生に招くワーク

これまでに恋愛や結婚などで、あなたが嫌な思いをした愛の体験を思い浮かべましょう。

その体験を石にして両手に乗せましょう。

石は、どれくらいの大きさで、どんな色をしていますか？
ズッシリ、乾燥した軽い感じ、粘土のような感じ、どんな質感ですか？

石を見つめながら「私のブロックを光に変えます」と宣誓しましょう。

するとブロックは眩しい光を放ち、一瞬で透明になります。

だんだんと光の眩しさに目が慣れて、透明になったブロックを見るとキレイな色を放っています。

それは何色の光ですか？
美しい宝石をうっとり眺めましょう。

どんな宝石でしょうか？　あなたの愛の宝石を指輪にして、あなたの左手の薬指にはめましょう。

魂と魂で結びつく、あなたの幸せな愛が約束されました。

86

OPEN SESAME

大いなる豊かさが流れ込む前兆

サンタクロースの大きな袋

今あなたからゴールドの波動が出ています。

サンタクロースになって、毎日クリスマスのようにワクワク楽しい寄付をしてみませんか。

あなたを知らない人、見返りが決して無いとわかっている人にお金をプレゼントしましょう。

私たちは、お金を寄付すればするほど、お金の巡りが良くなります。

お金にまとわりついている、多くの人のネガティブな感情を手放すことで、豊かさの流れを堰き止めているブロックが消え、お金の巡りが良くなります。

この世には「お金が無い。お金がもっと欲しい！」と、お金に対してズッシリと重たい思いを乗せている人がたくさんいます。

「損したくない。少しでも安く買って得したい」損得勘定で自分からお金が出ていかないように工夫するのは、人生の短いスパンでは賢いやり方かもしれません。

ですが、そのやり方でお金の器は大きくなるでしょうか？

自分のお金の器を広げて、より多くのお金を受け取ろうと思ったら、お金を動かしてみんなに循環させることが必要です。

お金という道具を使って、どれだけ自分や人を喜ばせることができるかが最も重要です。

みんなに向かってあなたのワクワクの波を押し出すと、みんなからワクワクの波が返ってきます。

例えば娯楽施設に遊びに行ったら、真夏なのにクーラーが止められています。それを見て、どんな気分になりますか？
「もっと快適にしてくれたらいいのに」と残念に思いませんか？

「経営難で節電をしないといけないのです」と言われたら、
「そうですか、それは大変ですね」と納得して、もう二度とそのお店には行かないでしょう。

「もっと快適にして楽しませてくれたら、喜んでお金を払う

のに。入場料を高くしたらいいのに」と思います。

ですが、お金のブロックがあると入場料を高くできないのです。それでお金が足りなくなると、短絡的に節約に走るのです。

お金をラクに出している人は、お金をラクにもらえるのですが、お金をラクに出していない人は、お金をラクに受け取ることができないのです。

苦労して我慢してお金を得ていると、お金を使うのが勿体なくなります。

お金をもらうと、苦労や我慢などの大変なものを人から奪ったような気分になり、なかなか値段を上げることができなくなります。

「苦労してやっと得たお金を頂くからには、何かそれに相当する大変なものをお返ししないといけない」

そういった思い込みがプレッシャーになり、お金が入ってくるゲートを閉じるのです。

なので、応援するつもりで気軽にチップを渡したり、感謝して寄付をしたりすると、気楽にお金を受け取れるようになり、お金の巡りが良くなります。

自分がラクに支払える金額が、自分が安心して受け取れる金額です。

少しずつ愛の交換を楽しみながら、寄付する金額も増やしていきましょう。

87

OPEN SESAME

あなたは、
永遠に18才です

月の女神リーアノンの美の鏡

いつまでも永遠に若く美しくいられたら……と誰しもが願います。

古代から不老不死の薬を発明しようと、数えきれないほど多くの研究がされてきました。

もしもあなたが、年齢のことで制限を感じたり、体のことで落ち込んだりするようなことがあれば、こう言いましょう。

「私は18才です」そう細胞に言い聞かせましょう。

すると、細胞は宇宙の知性を持っていますので、18才の肉体にしようと遺伝子の計画を組み直します。

潜在意識が若くなるための情報を拾い、あなたがその知識を物理的に実践すると、細胞は若いシステムに生まれ変わります。

すると数年経った頃には、18才の細胞のルーティンがしっかりと馴染み、バランス良く作動するようになり、いつまでも若々しくフレッシュな体でいられるのです。体が若く

なると、色々な可能性が広がって人生が楽しくなります。

すぐに変化や結果を求めずに、ただ細胞に「私は18才です」と声をかけるだけで良いのです。

仕事や恋愛、結婚、人間関係、チャレンジ、年齢の制限によって諦めていることに、今すぐ取り組みましょう！

あなたは永遠に希望に溢れる18才です。

赤ちゃんに還るワーク

目を閉じて深呼吸をしましょう。

あなたの頭頂部からシュルル〜と肉体を抜け出して、空に向かって上昇しましょう。

足元であなたの家がみるみる小さくなり、山を見下ろし雲を越えて、さらに上へ上へと昇っていきます。

そのままどんどん昇っていくと衛星の地点に着きます。

衛星地点を過ぎると一気に勢いが加速し、猛スピードで宇宙の源に向かいます。

あなたは、大きな白い光の中に吸い込まれるように入っていきます。ここは宇宙の源です。

ふと見ると、あなたが人生で長年作ってきたブロックやトラウマが、黒いシミになってオーラや肉体についています。

「私のネガティブなパターンをリセットします」と宣誓しましょう。すると真っ白い光が黒いシミを照射し、シミはみるみる透明になり消えていきます。

リセットされたあなたの全身は、ゆで卵の皮がむけたようにツルツルピカピカになりました。まるで赤ちゃんのように生まれたてのほやほやです。

「ありがとう」とお礼を言ったら、地球に戻りましょう。あなたの頭頂部からシュルル〜と肉体の中に入りましょう。

魂が肉体に馴染んだら目を開けましょう。

88

OPEN SESAME

自分とひとつになる

大きな袋ですべてを包む布袋尊

あなたの名前に〝様〟をつけて呼びましょう。

「◯◯様、ちょっと聞いてください」すると、ポワン！　とあなたの神様が現れて、こう言うでしょう。

「何かご用？　何でも聞いていいよ！」
早速あなたの悩みを相談しましょう。

家族や友達ではなく他でもない、あなた自身に人生の悩みを質問してみるのです。

自分以外の他の人に答えを聞いたところで、問題は解決しません。

それどころか、魂の望む道から外れてしまうことも多々あります。

なぜなら、人生はあなたが作っているからです。天は、あなたの人生に答えなんて用意していません。

あなたが言ったこと、それが山びこして答えになるだけです。

だから、いつでも答えを教えてもらおうとするのではなく、先に**自分から答えを言わないといけない**のです。

私たち人間は、反対のことばかりして悩んでいるのです。逆をやっている限り悩みは解決しないのです。

自分と対話して「こうしたい！」と気持ちが決まったら「こうしよう」と言えばいいのです。

あなたが「こうする」と言ったら、それが現実になり人生の答えになるのです。

地道に毎日コツコツと宣言していけば、必ず遠くない未来に、あなたは雲の上にいるような至福の人生を送ることになるでしょう。

89

OPEN SESAME

エンジェルの うきうきSHOPPING

白い鳩とオリーブの葉っぱ

あなたは、地球を守るエンジェルです。

あなたが「地球でもっと増えてほしい」と思う物を買いましょう。

「値段が安いから」という理由で欲しくない物を買ったり選択したりすると、あなたの好きではない物が地球上に増えることになります。

人間は売れてお金になるのなら、たとえそれが毒でも作ってしまいます。

初めは少し高く感じられても、作っている人のプロセスを見て誠意を感じたら、その人の物を買うことで、賛成や感謝の意を示すことになり、作っている人を応援することができるのです。

毒は買わないようにすれば、作らなくなります。

売れない、お金にならない、とわかったら、すぐに生産を止めるので心配は要りません。

食べるほうも安心して、食品を買うことができるようになります。

真心込めて作られた食べ物を感謝して頂いたり、嬉しい気持ちで素敵な道具を大切に使ったりするのは、人生をカラフルに彩る素晴らしい喜びです。

使っているだけで幸せになり、毎日が自分を祝う特別な日になります。

買うことで作っている人を応援すれば、この世から良い技術や品物が消えてしまう心配もありません。

あなたが毎日食べる物や使う物を、値段ではなくハートで選びましょう。

あなたが愛と感謝と応援のお金を支払うことで、あなたも愛と感謝と応援のお金を給料や報酬として頂くようになります。

90

OPEN SESAME

みんな、あなたの笑顔が見たいのです

真珠貝と海の泡から生まれた女神ヴィーナス

あなたには、かけがえのない価値があります。あなたはもっと認められてもいいはずです。

「あんな実力の無い人が高く評価されて、どうして私の報酬がこれぽっちなんだろう？」

そう思うことはありませんか？　あなたは、もっとたくさんの報酬を得るべきです。

今すぐ、あなたにもっと多くのお金が入ってくることを許可してください。

「私は、私が好きなことや楽しいことだけをして、お金が月に○○円入ってきます。私に許可します」

そう宣言すると鐘が鳴り、白い鳩がオリーブの枝を落としていきました。あなたに昇進の知らせがきたのです。これから、あなたの評価や報酬が上がります。

あなたの周りにいる人たちが見えますか？　あなたを応援してくれている人たちです。

みんなの手を見てください。プレゼントを持っています。

あなたにプレゼントを渡したくて、ずっと前から待っているのです。

ですが、あなたはまだプレゼントを受け取っていません。
いつも別の所ばかり見ているからです。

「今まで気づかなくてごめんなさい。ありがとう」そう言ってプレゼントを受け取りましょう。

地球のみんなからのプレゼントは何でしたか？
あなたも、地球のみんなにプレゼントしましょう。

あなたは愛する人たちに何を贈りたいですか？

これからは、あなたの価値をわかってくれる人たちに、あなたの愛をプレゼントしていきましょう。

あなたが関わりたいと感じる人たちと、愛と感謝のお金を交換し、幸せの循環を広げていきましょう。

91

OPEN SESAME

星の恋人から愛の花束を受け取るでしょう

赤いスィートピーと記憶の香り

あなたがずっと求めてきた憧れの世界が、じょじょに姿を現してきます。

私たちは家族や仲間、周りに人がいるのに孤独を感じることがあります。

「自分の本当の居場所はここではない、どこか遠くにあるんじゃないだろうか」そんな気がしているのです。

本当の自分は、もっとキラキラ輝いていて、今とは全然違うことをしているんじゃないか？　もっと感動的な毎日を送っているんじゃないだろうか？

それは自分の頭の中で作り上げた空想で、現実逃避をするための、ただの夢物語なのでしょうか？

今、あなたの記憶の欠片が集まって、一つの物語が生まれています。あなたが思い描いてきた夢が、一つずつ現実に姿を現し始めました。

心の奥底にある懐かしい愛の記憶が目を覚まし、星にいた頃の感覚が蘇ってきます。

あなたの魂が、銀河の時を越えて繰り返してきたエピローグ。あなたの魂は、夜明けが近いことをあなたに伝えています。

あなたは、その人から深く愛されています。まだ会ったばかりでも、星にいた時から、あなたたちは深く愛し合っていたのです。

心を開いてハートの扉を開けてください。ハートとハートで繋がってください。

もちろん、この世には光と闇が存在します。あなたの中にも相手の中にも、光と闇が存在します。

しかし、あなたが闇を理解して受け入れることができた時、昼と夜が一つになり、星の輝き・アステリズム（星群）が見えるでしょう。一見、何もないように見えるところにも光が当たれば、そこに愛があるのがわかるでしょう。

いつもの山から朝日が昇るのは、もうすぐです。

眩しい朝日を浴びて、懐かしい愛に包まれましょう。

92

OPEN SESAME

太陽の車輪が描く
記憶の軌跡

夏の日の燃えるような蜃気楼の中で

神様からのプレゼントは、いつも思いがけないものです。

それは一見、ネガティブに見えるものだったりします。

例えば、ある人は**気づきという名のプレゼント**を、あなたに贈ってくれるでしょう。

「なんて決めつけが激しい人だろう！　全部否定するから、全然話が進まない。困ったな」

あなたを困らせているその人は、天からの使いでメッセンジャーです。

「あなたも、この人のように諦めていませんか？　諦めなくていいのですよ。できないと決めつけないで。あなたならできますよ」と応援してくれているのです。

そんな風にはとても思えなくても、出会う人はみんな、あなたの中にいるあなたを見せてくれています。あなたが悩んでいる時は特に、その原因の部分をデフォルメして見せてくれます。

なぜなら、ポジティブな出来事では印象に残りにくいので、ネガティブな出来事になることが多いのです。

トラブルや病気と同じで、心配したり不安になることによってそのことに注目し、じっくりと考えることができます。

「この人はナゼ、こんな簡単なことを難しく考えるのだろう？　ナゼできないと決めつけてるんだろう？」

そしてハッと気づきます。

「そうか！　私も、深刻にならなくていいんだ！　できるのに、できないと思い込んでいたのかもしれない」と気づきます。そして悩みが解決します。

いつでも、あなたがお願いすると、神様はあなたに**気づきという名のプレゼント**を贈ってくれます。後は、あなたの周波数を合わせて、目の前のプレゼントを見るだけです。

あなたが見ると見えるようになり、あなたが見なければ、見えないままです。可視化する。それが現実化するということなのです。

93

OPEN SESAME

残りの人生をかけて

初冠雪の知らせ　ダイヤモンド富士

あなたは神聖で美しい人です。そろそろ本当のあなたの姿を思い出す頃です。

胸ときめく物を部屋に飾って、幸せな気持ちに浸りましょう。全身をピカピカに磨いて、素敵な服を着て、鏡に映るあなたの姿にうっとり見惚れましょう。

あなたは慈悲深く思いやり深い愛の人です。

あなたは惜しみなく相手を愛し、惜しげもなく大切なあなたの人生を差し出してきました。

地球を救うという使命感を持っているあなたは、困った人を助け、奉仕をしては、相手が得る安心や幸せに共感して、自分も満たされてきました。

繊細で優しいあなたは、相手の心の中に傷を見つけると、その痛みに深く共感し、使命感にスイッチが入り、驚くほど強くパワフルになります。

困っている人を助け、世の中を良くするために慈善活動に熱心に取り組むのは、素晴らしいことです。

ですが、ある時「私の人生これでいいのかしら？」と、ふと我に返ることがあるかもしれません。

ボランティアにやりがいを感じたり、助け合う喜びに心が満たされたりするのは素晴らしい体験ですが、相手の能力や可能性を信じて、放任する強さも時には必要です。

これからは、あなたのためにお金や時間を使うようにしてください。あなたは、すでに地球に十分貢献しています。

今はもう他の誰かのためではなく、あなた自身の夢を叶えることに集中しましょう。

誰かにプレゼントするより、大切なあなたにプレゼントしましょう。

誰かのことを思うより、あなたの欲しいものや理想の暮らしを思い描きましょう。

今できることから、できる範囲で良いのです。少しずつ理想のあなたの夢を叶えていきましょう。

もしも、あなたの夢を忘れてしまった場合は、あなたの憧れの人を見つけましょう。その人の中には理想のあなたがいます。その人は、どんな人ですか？

そして「私も、この人みたいになる！」と、あなたの未来に宣言しましょう。

たとえ日常の多くの時間が、あなたが望まない現実だったとしても、いつからでも理想の人生のチャンネルに繋ぎ直すことができます。

宣言をすることで、まだあなたが馴染みの無い場所にも、あなたの居場所を作っていくことができるのです。

あなたの残りの人生は、あと何日残っているのでしょうか？年数よりも、◯年×365日と掛け算をし、日数にして数えてみてください。人生の残りの日々が、よりリアルに感じられるはずです。

大切なあなたの夢を、残りの人生をかけて一つずつ叶えていきましょう。

94

OPEN SESAME

地球と繋がり奇跡的な
癒やしと目覚めを起こす

マザーガイア　魂に深く刻まれた鮮烈な記憶

あなたに、母なる地球から愛のメッセージが届いています。

マザーガイアが、なかなか固まらないあなたの願いを物質化してくれると言っています。

あなたが、どうしても手に入らないと思っているものを、地球にお願いしましょう。

この世では、あなた一人の力では、どうにもならないことがたくさんあります。

植物を見てください。どことなく元気が無い植物は、土の中に根がしっかり張れていません。根が細かったり根詰まりしたり、土の養分を上手く吸収することができず元気がありません。新しい芽も、なかなか出てきません。

私たち人間が、いくら頭で考えて完璧な計画を立てても、地球から応援されていないと物事は絶対に上手くいきません。

地球と繋がっていないと、どんな生き物も繁殖することができないのです。

地球であなたのイメージを物質化するには、地球と息を合わせる必要があります。

地球の中に、あなたの木の根を張るイメージをしましょう。特に孤独を感じている時は、地球と繋がる意図を持ちましょう。

地球に呼びかけて呼吸をすれば、すぐにリラックスして、みんなと繋がっている安心感を得られるでしょう。

体を固めると思考や感情も固まってしまいます。のびのびと大きく手足を伸ばし、地球いっぱいに広げましょう。地球を抱きしめられるほど、グングン手足を伸ばしましょう。

体を固めていると、あなたの存在はどんどん小さく縮まってしまいます。節約をしすぎると、生活はどんどん小さく縮まってしまいます。

エネルギーを外から内に入れてばかりいると、どんどんあなたの光は小さくなります。**あなたの体が縮こまると、入ってくるチャンスや幸運、豊かさも小さくなってしまうのです。**

あなたの中から外側に向かって、パァ〜っと光を放っていきましょう。

手のひらも指先も思いっきり広げてアンテナにして、星と通信しましょう。

あなたの体は、太陽や月、星のエナジーの送受信機です。いつも柔らかくのびのびして、アンテナを伸ばしておきましょう。

あなたの夢をイメージしながら、地球と一緒に呼吸をすれば、あなたの欲しいものは地球上に現れます。

波型の光で存在している夢のイメージを、呼吸をすることによって固形化し、地球の周波数に変えて現実化しているのです。

生きる＝息る＝肉体化＝現実化

イメージして呼吸をしながら光を固める。だんだんとコツを掴んで、あなたの願いをどんどん叶えていってください。

地球と繋がるワーク

「地球さん、いつもありがとう。愛しています」と言いながら呼吸をすると、いつでもすぐに地球と繋がることができます。

耳を澄ませて、あなたの心臓の音を聞きましょう。次に、地球の心臓の音を聞きましょう。

すると、あなたと地球の合奏が聞こえてきます。地球と一緒に音楽を奏でましょう。ハーモニーしましょう。

95

OPEN SESAME

崇高な人生の喜び

神の御座　金の冠とバビロニアの星の数

あなたは、地球の旅を楽しんでいます。とても順調に魂の目的地に向かっています。

私たちは、思い通りにいかないゲームを楽しむために地球にやってきました。このもどかしい思いは、肉体から出るとできない貴重な体験です。

私たちの魂は、なかなかクリアできないゲームに夢中です。宇宙では何でもすぐにクリアしてしまうので、ゲームをしてもつまらないのです。

例えば、蛇口をひねったら水が出ます。それを見て、あなたは何か感じますか？　何も感じませんよね。

ですが、家から歩いて何時間もかけて井戸に水を汲みに行っている人が、蛇口をひねって水が出てくるのを見たら、どんな気持ちになるでしょう？

驚きと感動で、蛇口から出てくる水を思わずジーッと見つめるでしょう。

世の中には、なかなか叶わない願いというのがあります。

「あの人の気持ちがわからない、私のこと一体どう思っているのかしら？」と身悶えする、片想いの恋もその一つです。

さんざん悩んだ後に、恋が上手くいくと喜びもひとしおです。

ですが、もしも相手が自分のことを好きでたまらないと知っていたら、もう悩む気にもなれません。

特別なものはなかなか手に入らない、貴重なものでいてもらわなくては困るのです。奇跡が起こるのが当たり前で、ありふれた存在になると、感動が薄れてしまいます。

松茸がいくら高価でも、毎日食卓に出てきたら、何とも思わなくなるでしょう。

願いがなかなか叶わない人は、叶わないのではなく、あえて叶えないのです。

それほど、特別で貴重な体験を求めているということです。手に入るかわからない貴重なもの、それこそが、あなたが探し求めているものです。

96

OPEN SESAME

ドラマティックな、
あなただけの人生を歩む

奇跡のダウンロード by 大天使メタトロン

勇敢なあなた。これから、あなたは大胆な行動に出ます。今こそ絶好のタイミングです。

あなたが願いを叶えるために探している道具は、すでに目の前にあります。それは、いつも目にしている馴染みのものです。

あなたは今世でも過去世でも、思い切った勇断をしてチャレンジし、傷を負い大変な目に遭ったことがあるのです。

失敗を恐れて慎重になっているのかもしれません。

ですが、素晴らしいチャンスを逃さないよう目を光らせていてください。あなたが目指している場所に向かうチケットを手に入れ、チャンスを掴み取ってください。

今こそ、あなたを待つ莫大な豊かさをあなたのものにしてください！

今のあなたには、素晴らしい道具を使うことが求められています。

例えば、音楽の才能がある人が楽器に出会う、絵の才能がある人が絵の具に出会う、道具と出会うことによって、眠っていた才能が一気に踊り出し、新しい世界への扉を開くことができます。

ですが、それだけでは不十分です。

文章の才能がある人が本を販売するアプリに出会う時、手作りの才能がある人が通販アプリに出会う時、話す才能のある人が配信アプリに出会う時、自由で豊かな黄金の扉が開き、世界は一変します。

あなたの才能を知ってもらうために必要なプラットフォームと出会う時、あなたの才能はお金に変身します。

あなたの気になる人が、そこで活躍しているでしょう。

活躍している人との出会いによって、さらにあなたの夢の世界が広がります。

あなたも自由自在に才能を発揮して、応援や感謝のお金を得ましょう。

あなたの才能は、その芽を出す瞬間までずっと、土の中で静かに生命を育んできたのです。

やっと日の目を見る時が来たのです。

一見何もなかったところに道具と言う手段を取り入れることで、そこには驚くほどたくさんの豊かさが溢れていることがわかります。

これから、あなたの人生に魔法がかかります。

小さな芽が出てから可憐な花が咲くまでは、あっという間でしょう。

97

OPEN SESAME

愛は、いつも
自分の中にある

これからが、これまでを決める

あなたを大きな愛で包んでくれている人がいます。
これまでも、これからも、永遠にあなたは愛されています。

人と比べて「どうして、自分には無いんだろう」と、悔やんで泣くこともあれば、自分にとって当たり前のものを持っていない人を見て、自分が、みんなからどれほど大きな愛をもらっているかに気づいて泣くこともあります。

「あなたは、愛されています」そう言われても、愛という言葉は、あまりにも漠然としていてピンと来ないのです。

ですが、ふとした折にその愛に気づいてしまうと、ただただ呆然として涙が止まらなくなるのです。

愛は、いつも自分の中にあります。誰もが外側ばかり見て、今自分にある愛に気づきません。

でも失った時初めて、そこにある愛に気づくのです。絶望は終わりではなく、いつでも始まりです。

そのあまりにも大きな愛の贈り物に気づいた時、驚愕して感謝するというよりは、もう降参するといった感じです。

愛を得ようとして偽りの自分を演じたり、確約が欲しくて打算で動いたり、物事を自分の思い通りにしようと葛藤したり、不純物で濁った愛を抱えて、悲しみにくれていた自分が洗い流されていきます。

自分がどれほど愛されているかに気づいた時、愕然とします。ダムが崩壊したように、何もかも涙とともに流れます。

「何とか愛を得たい」と握りしめていた手がゆるみ、ほどけ、もう何も持てなくなります。

「自分で何とかしようなんて、私は何て愚かだったんだろう」そう気づきます。

私たちは、がんじがらめになっていた思考の鎖が切れた時、やっと愛そのものを感じることができるようになります。

愛は獲得する物ではなく、感じるものなのです。
あなたの愛は、感じれば感じるほど大きくなっていきます。

やがて溢れ出したあなたの愛は、多くの人を満たし幸せにしていくでしょう。

98

OPEN SESAME

宇宙の中に
ぷっかり浮かぶ

観音様の白い花のゆりかご

自分のために贅沢に時間を取って、ゆったりと優雅に過ごしましょう。

あなたの願い事をノートに書き出して、夢を叶えましょう。

「そんな暇は無い。お金が無いし、時間が無い」という人は多いのですが、本当は、お金も時間もたっぷりあるのです。

自分の分を、他の人に使っているから無いのです。そうしてしまうのは、自分にはお金や時間をかける価値が無いと思っているからなのです。

私たちは時に、自分の課題と他人の課題がごちゃまぜになり、人生が散らかってしまうことがあります。

他人の問題にせっせと取り組んで、相手を**ダメな人間**に仕立て上げてしまうケースもよくあります。

他人の問題を解決したら自分の問題が解決する、他人を幸せにしたら自分も幸せになれると勘違いしている人は多いのですが、そんなことはありません。

自分の感情と、他人の感情をしっかりと線引きして区別する必要があります。

そう、意識するだけで良いのです。

「このイライラは自分の感情だろうか？　それとも、他の誰かの感情だろうか？」

こう自分に問うてみましょう。

線引きしたとたん、頭がクリアになり、さまざまなトラブルは消えてなくなります。

クールに線引きして、周りの人を排除するという意味ではないのです。健全で快適なつき合いをするためには、自分と他者との間に境界線が必要です。

あなたは、自分に使う時間と他の人に使う時間ではどちらが多いですか？

自分に使う時間が少なすぎると、心と体のケアを十分にすることができません。

反対に、周りの人に使う時間が少なすぎると、コミュニケーション不足に陥ります。

自分に使う時間と、他人に使う時間の配分を意識しながら過ごしましょう。

あなたにとって心地の良い調和点が見つかるでしょう。

あなたが光り輝けば、大変な思いをして周りの人の面倒を見なくても、みんな自動で幸せになります。

あなたの心が満たされることをしましょう。

そして心地良い範囲で、周りの人とのコミュニケーションを楽しみましょう。

99

OPEN SESAME

あなた史上
最高のあなたへ

燦々と降り注ぐ愛と奇跡の光

あなたの存在が、日増しに、どんどん大きくなっています。

空高く燦々と輝く太陽のように、人々を明るく照らしています。

長い間、私たちは自分に厳しい言葉をかけてきました。

辛い修行をすれば、立派な人間になれる、成長できると信じていたからです。

目標を達成できなければ、自分を叱咤激励し「次こそは頑張れ」と気合を入れます。やっとの思いでノルマが達成できた時でも、自分を思い切り褒めるということはしません。

あまりにも褒めすぎると調子に乗って、サボりがちになり、努力を怠るようになるのではないか、と警戒するからです。

常に他の人と比べて自分に優劣をつけていると、人生がストレスまみれになります。

負荷をガソリンにして頑張ると大変な苦労を伴い、継続するのが難しくなります。

競争レースに負けると、自分に敗北者の烙印を押し人生に失望します。

社会の期待に応えられない自分をなじり、自暴自棄になります。

仮に目標が達成できた場合でも、終わりの無い競争に巻き込まれることになります。

どこまで行っても上には上がいます。油断していると下からもどんどん追い越されます。これでは運良く目標が達成できても、ホッとすることができません。

果たして本当に、こんなに自分に厳しくする意味があるのでしょうか？

自分に負荷をかけて追い詰めて、一体何のメリットがあるのでしょうか？

脳のシステムは逆です。

脳は、否定の言葉を使うとストレスを感じて萎縮し、本領

を発揮できなくなります。

逆に、優しく甘い言葉をかけるとホッとしてリラックスし、最高のパフォーマンスを挙げることができます。

人は、自分が認められていると感じる言葉を聞くと安心して、自分の能力を発揮できるようになるのです。

そして「褒めることがない」などと言わずに、**褒めるためのハードルを下げる**ことも必要です。

毎日自分を褒めていると、根拠の無い自信がつきます。

根拠のある自信は、条件を満たした時だけ持てる自信ですが、根拠の無い自信は「自分は何もなくても愛される」と信じている最強の自信です。

どんどんあなたを褒めて、褒めまくりましょう。
自己肯定感を高めて自信に溢れましょう。

あなたの太陽が雲から顔を出し、あなた史上最高のあなたが姿を現すでしょう。

太陽の王冠の戴冠式

天に向かってバンザイしましょう。すると太陽から黄金に光り輝く王冠が降りてきます。

冠には、色とりどりの美しい宝石が散りばめられています。

降りてきた王冠を両手で受け取って、あなたの頭の上にそっと載せましょう。

すると、あなたの全身から黄金の光が放たれました。

あたり中を照らし、影になった暗闇の部分も明るくなりました。

あなたの王国の王様はあなたです。

これからあなたは、自由で豊かな夢いっぱいの世界を創っていきます。

ご降誕おめでとうございます！

100

OPEN SESAME

あなたの神様からのメッセージ

あなたの神様と繋がってメッセージを書きましょう。

あなたが一番言ってほしい言葉と、言われたら飛び上がるほど嬉しい言葉も書きましょう。

終わりに -Conclusion-

このたびは「宇宙(わたし)の聖書」をお迎えくださり、誠にありがとうございます。

私は生まれる前からずっと、聖書を創りたいと思っていました（書いていて、それを思い出しました！）

それは、いわゆる読み物としての本ではなく、私たち一人一人が**自分の世界を生み出すための宇宙ノート**として機能する本です。

教科書のように一方的に与えられた情報を受け取るスタイルではなく、自分の意思で宇宙の神秘や知性にアクセスし、記憶の断片や情報を集めて**私の物語**を編集する、そういった**自分で創るバイブル**を想定しながら書きました。

私たち一人一人が自分の力を取り戻し、最高の人生を歩むために必要なこと。

それは**自分の手で自分の人生を創る**ことです。

聖書というタイトルですが、実は私は聖書を読んだことがありません。

なぜか読む気になれなくて、何となくのイメージや断片的な知識しかありません。

ですが、聖書の内容は知っています。私たちの誰もが忘れているだけで、**聖書**、つまり宇宙の成り立ちを知っているのです。

神様は他の誰かではありません。あなたがあなたの神様です。私たちの一人一人が神様で、日々それぞれの人生を創り続けています。

肉体という限られた可能性の中で、私たちがそれぞれに持つ個性や才能を最大限に活かして人生を輝かせるには、イメージの翼が必須です。

ガイダンスの文字を額面通りに読むのではなく、連想ゲームのように楽しみながら、さまざまな星の情報やレコードを取り出していってください。

ガイダンスの文章と文章の中には、星と繋がるコードが入っています。バーコードのようにピッとハートで読み込むと、今のあなたに必要な情報が入ってきます。

胸に当てた時、星のエネルギーを感じるでしょう。

何も感じられない時は、他のものをハートに当てて感じ比べをすると、違いが感じられると思います。

最後になりましたが、この本を上梓するにあたりお世話になりましたClover出版さんと、いつも応援し見守ってくださっているスターの皆様に、心より感謝申し上げます。

いつも素晴らしい愛の光をありがとうございます。

あなたの人生が、最高の奇跡と幸運で、きらきら輝く毎日になりますように。

愛と感謝を込めて

世界に羽ばたくアーティスト　ハッピーすいれん

Profile ハッピーすいれん

世界に羽ばたくアーティスト。福岡県生まれ。
発信するメッセージに共感を得た、多くのファンを持つ超人気YouTuber。

アトピーやADHDで集団行動が出来ず、転職80回以上を繰り返した変わり者、元社会不適合者。
年齢を重ね、ニートが長くなったある日、占いのバイトに誘われ、すぐ辞めるつもりが思いがけず定職になり、たくさんの仲間に恵まれる。現在まで、占い鑑定やスピリチュアルセッションは10,000回を超え、約3,000人の教え子を持つまでに。

パーティーやイベント、リトリート等、さまざまな遊びを仕事にするのが趣味。現在は夢で描き方を教えてもらった光の絵を描きながら、YouTubeなどで「ゆるく楽に生きるコツ」を好評配信中。

オフィシャルHP
https://www.suiren.shop/

YouTube「ハッピーすいれん」
https://www.youtube.com/channel/UCqHHBqk6MTq7bK2EkMRo3Iw

装丁／冨澤 崇（EBranch）
制作／a.iil《伊藤彩香》
校正／あきやま貴子
編集／小田実紀

本書のご注文、内容に関するお問い合わせは
Clover 出版あてにお願い申し上げます。

宇宙（わたし）の聖書

初版1刷発行 ● 2021年12月16日

著者

ハッピーすいれん

発行者

小田 実紀

発行所

株式会社Clover出版
〒101-0051 東京都千代田区神田神保町3丁目27番地8 三輪ビル5階
Tel.03(6910)0605 Fax.03(6910)0606 http://cloverpub.jp

印刷所

日経印刷株式会社

ISBN978-4-86734-050-9 C0011